A MINDENEKFELETTI KANDALLÓSAROK MELEGÍTŐK 2024

Italok, édességek és Megosztható tárgyak tábortűz körül

Lívia Sándor

TARTALOMJEGYZÉK

4

BEVEZETÉS

Üdvözöljük a "A MINDENEKFELETTI KANDALLÓSAROK MELEGÍTŐK 2024"-ben, amely a kényelmes és kellemes élményt nyújtó tábortűz körüli útmutatója. Ez a kollekció a melegség és a bajtársiasság ünnepe, amely az italok, édességek és a megosztható tárgyak megosztásával jár a lángok pislákoló fényében. Csatlakozzon hozzánk egy olyan utazásra, amely a szabadtéri összejöveteleit emlékezetes pillanatokká változtatja, tele vigasztaló finomságokkal és az együttlét örömével.

Képzelj el egy jelenetet, ahol a pattogó tűz ad hátteret a nevetéshez, a történetekhez és a kandalló melletti finomságok illatához. A „A MINDENEKFELETTI KANDALLÓSAROK MELEGÍTŐK 2024" nem csupán receptgyűjtemény; ez a tábortűz körüli emlékezetes pillanatok létrehozásának művészetének felfedezése. Legyen szó kempingezésről a barátokkal, kerti máglyát rendezel, vagy egyszerűen csak egy kandalló melletti estére vágysz, ezek a receptek úgy készültek, hogy kellemes italokkal, édességekkel és megosztható tárgyakkal fokozzák a szabadtéri élményt .

A melegítő italoktól, például a fűszeres almabortól és a forró csokoládétól a ragacsos s'mores-ig és a sós, tábortűz melletti harapnivalókig minden recept az ízek és hagyományok ünnepe, amelyek különlegessé teszik a kandalló melletti összejöveteleket. Akár egy vigasztaló italt kortyolgat , megkíméli egy édes csemegét, vagy ízletes falatokat oszt meg barátaival, ez a kollekció az Ön útmutatója a kandalló melletti melegítők felemeléséhez.

Csatlakozz hozzánk, amikor elindulunk egy utazásra a kandalló melletti élvezetek világán keresztül, ahol minden alkotás a tűz körüli gyülekezés, a szeretteivel való kapcsolat és a szabadtéri pillanatok egyszerű élvezeteinek élvezetéről tanúskodik. Tehát szedje össze takaróit, szítsa meg a lángokat, és teremtsen maradandó emlékeket a „A MINDENEKFELETTI KANDALLÓSAROK MELEGÍTŐK 2024"-el.

MEGOSZTHATÓK

1.Kemping Donut Holes

ÖSSZETEVŐK:

- 2 írós keksz konzervdobozban (a pop nyitott típus)
- 1 csésze rövidítés
- 1 csésze porcukor vagy cukor/fahéj keverék

KÜLÖNLEGES FELSZERELÉS:

- papír táska

UTASÍTÁS:

a) Tiszta munkaterületen bontsa szét a kekszdobozokat , vegye ki mindegyik kekszet, és törje negyedekre , és forgassa mindegyik darabot golyóvá.

b) A serpenyőben felolvasztjuk a zsiradékot.

c) Vegyünk minden golyót és süssük serpenyőben mindkét oldalát körülbelül 1 percig.

d) Ügyeljen arra, hogy ne süsse túl a serpenyőt azzal, hogy egyszerre főzi. Könnyebb lesz mindkét oldalát megbarnítani.

e) Kikanalazzuk a labdát, és cukorral teli zacskóba tesszük, és összerázzuk.

2.Hátizsákos bárok

ÖSSZETEVŐK:

- 1 csésze vaj
- 4 tojás – enyhén felverve
- 1 ½ csésze barna cukor
- 2 csésze egész mandula
- 1 csésze gyorsfőző zab
- 1 csésze csokoládé chips
- 1 csésze teljes kiőrlésű liszt
- ½ csésze apróra vágott datolya
- 1 csésze fehér liszt
- ½ csésze apróra vágott szárított sárgabarack
- ½ csésze búzacsíra
- ½ csésze kókuszreszelék
- 4 teáskanál reszelt narancshéj

UTASÍTÁS:

a) A sütőt 350 fokra előmelegítjük. A vajat 1 csésze barna cukorral habosra keverjük.

b) Keverje hozzá a zabot, a búzalisztet, a fehér lisztet, a búzacsírát és a narancshéjat.

c) Nyomjuk a keveréket egy kiolajozott, 9 x 13 hüvelykes tepsi aljába.

d) Keverje össze a tojást, a mandulát, a csokireszeléket, a datolyát, a sárgabarackot, a kókuszt és a maradék ½ csésze barna cukrot. Óvatosan, de alaposan keverjük össze.

e) Öntsük a vajas keverékre. Egyenletesen oszlassuk el. Süssük 30-35 percig, és hűtsük le, mielőtt szeletekre vágnánk.

3.Narancspohár mézeskalács

ÖSSZETEVŐK:

- 7 narancs
- Kedvenc mézeskalács keveréked

UTASÍTÁS:

a) Vágja ki a narancsot a tetejéről, ügyelve arra, hogy ne vágjon lyukat a narancsba (a tetején kívül).

b) A narancsot félig megtöltjük mézeskalács tésztával.

c) A narancsot lazán tekerjük alufóliába.

d) Helyezze az alumíniumfóliázott narancsokat a tábortűz parázsába, és hagyja főni körülbelül 12 percig.

e) Teszteld őket, hátha elkészült a mézeskalács . Ha nem, tegyük vissza a parázsra, és főzzük még néhány percig.

f) Élvezd!

4.Camping Bread Pizza szendvicsek

ÖSSZETEVŐK:

- Kenyér
- Vaj
- 1 doboz pizzaszósz
- Pepperoni, szeletelve
- 1 csomag Reszelt pizzasajt

UTASÍTÁS:

a) Vágjon egy akkora fóliát, hogy be tudja csomagolni a pizzaszendvicset. Helyezze a fóliát fénytelen oldalával felfelé.

b)   Egy szelet kenyér egyik oldalát kivajazzuk, és vajas oldalával lefelé helyezzük.

c)   Kenyérre kenjük a pizzaszószt. Adjunk hozzá pepperoni-t (vagy bármit).

d)   Adjunk hozzá pizza sajtot. Vajja meg egy másik szelet kenyér egyik oldalát, és tegye a vajas oldalával felfelé a pizzaszendvicsére.

e)   Csomagolja be a pizzaszendvicset a fóliába, és helyezze forró parázsra oldalanként 3-4 percre, attól függően, hogy mennyire forróak a parazsatok.

f)   Kicsomagoljuk és enni.

5.Nyárs sárgadinnye tábor

ÖSSZETEVŐK:

- 1 sárgadinnye
- ½ csésze méz
- ¼ csésze vaj
- ⅓ csésze apróra vágott friss mentalevél

UTASÍTÁS:

a) Melegítse elő a grillt közepes lángra.

b) Fűzzük fel a sárgadinnye darabokat 4 nyársra. Egy kis serpenyőben a vajat vagy a margarint mézzel felolvadásig hevítjük. Keverje hozzá a mentát.

c) Kenjük meg a sárgadinnyét mézkeverékkel. Enyhén olajozzuk le.

d) Helyezze a nyársakat felmelegített grillre. 4-6 percig sütjük, megfordítva, hogy minden oldala megsüljön.

e) A maradék szósszal az oldalára tálaljuk.

6.Chuckwagon Kabobs

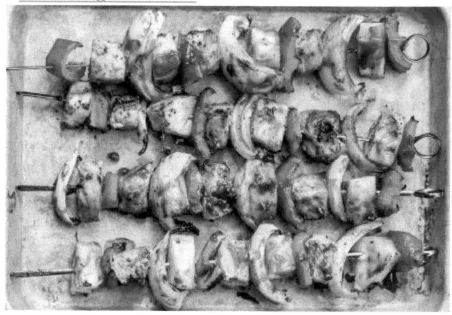

ÖSSZETEVŐK:

- 16 unciás hot dog csomag – harmadára vágva
- 16 unciás kiszerelésű füstölt frankok – harmadára vágva
- 30 uncia csomag fagyasztott steak krumpli

UTASÍTÁS:

a) Az összes hozzávalót felváltva nyársra fűzzük; tekerje lazán nagy teherbírású fóliába, ha kívánja.

b) Grill, grillfedél nélkül, közepes lángon (350-400 fok) mindkét oldalon 3-4 percig.

7.Camping Orange Muffins

ÖSSZETEVŐK:

- muffin mix
- friss bogyók
- 6 egész köldök narancs

UTASÍTÁS:

a) Vegye ki kedvenc muffinkeverékét, és adjon hozzá néhány friss bogyót.

b) Vágja félbe a narancsot, és távolítsa el a részeket, de ne szúrjon lyukat a héjába.

c) A muffin mixet beleöntjük a narancs felébe, a másik felével befedjük. Fóliába csomagolva 10-12 percig főzzük, vagy a keverék utasításai szerint.

8.Toast kemping

ÖSSZETEVŐK:

- 2 kiló vastagra szeletelt szalonna
- Kovászos kenyér
- 4-6 tojás
- vaníliakivonat
- fahéjrudacskák
- juharszirup

UTASÍTÁS:

a) Gyújtson nagyon jó tüzet szénnel. Öntöttvas serpenyőben kisütjük a szalonnát. Tartsa az összes szalonnazsírt a serpenyőben.

b) Szeletelje fel a kovászos kenyeret legalább 1 hüvelyk vastag szeletekre.

c) A tojást, egy kevés vizet, sok valódi vanília kivonatot és egy kevés reszelt fahéjat tálba verjük.

d) A kenyeret a tojásos keverékbe mártjuk, jól beáztatjuk , majd forró szalonnazsírba tesszük.

e) Főzzük szép barnára és ropogósra.

f) Valódi juharszirupot öntünk a tetejére.

g) A legjobban kint, az erdőben ízlik!

9.Gyömbéres kenyér és almaszósz

ÖSSZETEVŐK:

- 1 doboz mézeskalács mix
- 24 uncia üveg almaszósz

UTASÍTÁS:

a) Rakjunk keményfából tábortüzet.

b) Öntsük az almaszószt egy kivajazott öntöttvas holland sütőbe.

c) Keverjük össze a mézeskalács tésztát az utasítások szerint, és öntsük rá az almaszószt .

d) Helyezze a fedeles holland sütőt egy parázságyra, és tegyen a fedőre egy forró szénnel teli lapátot. NE helyezze a holland sütőt egy nagy szénágyba, hanem csak egyetlen réteg forró szénre.

e) Ha szenet használ, állítsa a holland sütőt egy forró szénágyra, és tegyen körülbelül ugyanennyit a fedőre.

f) 20 perc elteltével ellenőrizze a készséget. Nem akarod megégetni az almaszószt, de azt szeretnéd, hogy a gyömbéres kenyér átsüljön. A teszteléshez használjon fogpiszkálót. Forrón tálaljuk!

10.Kemping Bl ue Corn Tortillas

ÖSSZETEVŐK:

- 2 csésze kékkukorica liszt
- 1 evőkanál olívaolaj
- 1 ½ csésze meleg víz
- csipetnyi durva sót

UTASÍTÁS:

a) Keverjük össze a kék kukoricalisztet az olívaolajjal és a meleg vízzel egy csipet sóval.

b) A tortillalisztből teniszlabda méretű kerek tésztagolyókat formázunk, és átlátszó zacskók közé nyomkodjuk őket laposra.

c) Süssük őket a tűz fölött egy vasserpenyőben.

11.Alap Bannock kenyér

ÖSSZETEVŐK:
- 1 csésze liszt (fehér vagy fehér és teljes kiőrlésű búza keveréke)
- 1 teáskanál sütőpor
- ¼ teáskanál só
- ¼ csésze száraz tejpor
- 1 evőkanál rövidítés

UTASÍTÁS:
a) Készítse el otthon a keveréket időben. Szitáld át az összes száraz hozzávalót, majd egy pogácsaszaggatóval vagy két késsel fokozatosan vágd bele a rövidítést, amíg szemcsés, kukoricaliszt-szerű keveréket nem kapsz.

b) Csomagolás cipzáras táskába a könnyű szállítás érdekében. Nagy tételeket készíthet egyszerre, és rövid időn belül elegendő Bannock keveréket készíthet egy utazáshoz. Ügyeljen arra, hogy a száraz hozzávalókat jól szitálja át, hogy ne legyen kelesztési probléma.

c) A sütés kulcsa az állandó hő. Míg a lángok nem jelzik a rossz főzési tüzet, a keményfából készült vörösen izzó tüzek működnek a legjobban. Kezdje egy kis öntöttvas serpenyővel, és jól olajozza meg.

d) Öntsön egy kis vizet a cipzáras zacskóba, és keverje össze. Mivel a víz és a sütőpor szén-dioxidot képez, hogy könnyű legyen a kenyér, minél gyorsabban jut el a keveréstől a serpenyőig, annál könnyebb lesz a Bannock (bár mindig lesznek csomók).

e) A hozzáadott víz mennyisége a páratartalomtól és a személyes ízléstől függ. Nem szeretnéd hígabbra, mint egy muffin állag. Ha szükséges, egy ujjbökéssel vagy pálcikával vagy kanállal eloszthatja a tésztát, de elég egyenletes csomóban kell kijönnie. Ne feledje, mindig könnyebb vizet adni, mint kivenni.

f) Nyomd ki a keveréket a zacskóból és helyezd rá a felmelegített serpenyőre (ne forrjon forrón – ha füstöl az olaj, akkor túl forró). A serpenyő felmelegíthető a tűz fölött, ha van rácsod, vagy a hőforrás közelében néhány fahasábnak támaszkodhatsz . Nem süssön vagy süssön, mint egy palacsintatészta, ez azt jelenti, hogy a dolgok túl forróak . Hűtsd le és légy türelmes. A kenyér lassan kelni kezd.

g) A Bannock cipószerűnek fog kinézni. Ezen a ponton érdemes megfordítani: a serpenyő kis megrázása és a csuklómozdulat megfordíthatja, de a spatula is tisztességes játék. Ezen a ponton csak forgassa tovább. Majd megtudod, ha kész.

h)   Ha van fedő, megpróbálhatja megsütni a Bannock Dutch sütőt, és tegyen szenet a serpenyő fedelére. Ellenkező esetben megfordíthatja, hogy a teteje megsüljön (óvatosan!), vagy ha az alja kész , támasztja az edényt egy fahasábnak úgy, hogy a teteje a tűz felé nézzen.

12.Camp Kenyér

ÖSSZETEVŐK:

- 1 lb Kenyérkeverék, bármilyen fajta
- Bake Packer (alumínium rács az edény aljához)
- 1 gallon Sütőzacskó
- Víz
- Edény

UTASÍTÁS:

a) Helyezze a kenyérkeveréket a zacskóba; adjunk hozzá vizet az utasításoknak megfelelően, és keverjük össze a zacskó dagasztásával.

b) Helyezze a zacskót az edénybe; letakarjuk és egy-két órára a napon tesszük.

c) Miután a kenyér megkelt, óvatosan vegye ki a zacskót.

d) Helyezze a sütőcsomagolót az edény aljába, és öntsön annyi vizet az edénybe, hogy ellepje a rácsot. Helyezze vissza a kenyeres zacskót az edénybe, és fedje le.

e) Tedd az edényt közvetlen tűzre, és főzd meg.

f) Ha lejárt az idő, NE VEGYE LE A FEDŐT. még kb. 20 percre beállítjuk
.

g) Távolítsa el a fedelet; távolítsa el a műanyag zacskót az edényből; felhasítjuk a zacskót, és lehúzzuk a kenyérről.

h) Szeletelje fel a kenyeret az edény fedelén.

13.Cornbread tábor

ÖSSZETEVŐK:

- 1 csésze kukoricadara
- 1 csésze liszt
- 2 teáskanál sütőpor
- ¾ teáskanál só
- 1 csésze tej
- ¼ csésze növényi olaj

UTASÍTÁS:

a) Keverjük össze a száraz hozzávalókat. Keverje hozzá a folyadékokat. Egy jól kikent, felmelegített 10 vagy 12 hüvelykes öntöttvas serpenyőbe kanalazzuk.

b) Fedjük le szorosan.

c) Kis lángon süssük 20-30 percig, vagy amíg a közepe megszilárdul.

d) Ha forró parázson süt, helyezze a serpenyőt alacsony grillsütőre, három sziklás állványra a parázsban vagy közvetlenül a parázsra. Helyezzen szenet a fedél tetejére, hogy egyenletesebben ossza el a hőt.

e) A sült ételek nagyobb valószínűséggel égnek meg az alján, mint a tetején. Az égés elkerülése érdekében ellenőrizze a parazsatok hőmérsékletét, mielőtt serpenyőt helyez rájuk.

f) Tartsa a kezét körülbelül hat hüvelykkel a szén felett; melegnek kell lennie, de képesnek kell lennie arra, hogy nyolc másodpercig a helyén tartsa a kezét.

14.Bacon sült burgonya

ÖSSZETEVŐK:

- 5 font kerek fehér burgonya
- 1 kiló vékonyra szeletelt szalonna
- alufólia

UTASÍTÁS:

a) A krumplit megpucoljuk vízben, villával megszurkáljuk. Egy réteg szalonnába tekerjük. Fóliába csomagoljuk, fényes oldalával befelé.

b) Feküdj a tábortűz parazsára, és gyakran fordulj hosszú fogóval.

c) Az elkészültséget villával megbökve ellenőrizzük, amikor a villa könnyen belecsúszik a burgonyába, vegyük le a tűzről.

d) A választott feltétekkel tálaljuk, a maradékot pedig tegyük fel, hogy felmelegítsük reggelire.

e) A maradékot feldarabolhatjuk, és rántottával és sajttal összekeverhetjük, így gyorsan finom reggelit készíthetünk .

15.Donuts tábor

ÖSSZETEVŐK:

- Fözőolaj
- Bármilyen keksz tubusban a tejes részlegből
- Fahéj és cukor keveréke

UTASÍTÁS:

a) Tűzhelyen hevítsük fel az olajat annyira, hogy a keksz megsüljön.

b) A hüvelykujjával a közepén lyukat ütni a kekszbe.

c) kész az olaj, tegyük bele a fánkokat az olajba. Fordítsa meg, ha készen áll.

d) megbarnultak, vegyük ki az olajból . Azonnal forgasd bele a fahéj és a cukor keverékébe.

16.Tábortűz majomkenyér

ÖSSZETEVŐK:

- 4 doboz keksz
- 1 csésze cukor
- 1 csésze barna cukor
- 4 ek. fahéj
- 1 rúd margarin

UTASÍTÁS:

a) A kekszeket negyedekre vágjuk.

b) Keverje össze a cukrot és a fahéjat egy műanyag zacskóban. Tegye a kekszet a zacskóba, és jól vonja be. Helyezze a holland sütőbe.

c) A margarint felolvasztjuk és a kekszre öntjük; megszórjuk barna cukorral.

d) Közepes parázson sütjük 20-25 percig.

17.Holland kemencés sörkenyér

ÖSSZETEVŐK:

- 3 csésze magától kelő liszt
- 3 ek cukor
- 1 ek szárított hagymapehely
- 12 uncia sör, nem sötét sörök

UTASÍTÁS:

a) Keverje össze az összes száraz anyagot. Öntsön sört; keverjük össze és fektessük a munkafelületre. Csak egy kicsit gyúrjuk össze, hogy tésztagolyót formázzon.

b) Lapítsuk ki, és tegyük egy jól kivajazott holland sütőbe .

c) Helyezze a Dutch Oven-t parazsatokba (a szenek egy része alul - a parázs egy része felül) és süsse körülbelül 15-25 percig, ellenőrizve az első 10 perc után.

d) Amikor szép barna a teteje, kivesszük és tálaljuk.

18.Tábortűz melegszendvicsek

ÖSSZETEVŐK:

- Csomagok kis zsemlét, vagy 2 tucat kaiser zsemlét
- 1½ font borotvált csemegesonka
- ½ blokk Velveeta sajt reszelve
- 7 kemény tojás felkockázva
- 3 evőkanál majonéz

UTASÍTÁS:

a) Keverje össze az összes hozzávalót, és töltse meg a tekercseket.

b) Mindegyik szendvicset külön-külön fóliába csomagoljuk, és tábortűz felett melegítjük körülbelül 15 percig.

19.Kemping Élesztő palacsinta

ÖSSZETEVŐK:

- 3 csésze fehér liszt (vagy keverje össze a fehér és a teljes kiőrlésű lisztet)
- 3 csésze meleg tej
- 4 evőkanál növényi olaj
- 3 egész tojás, verjük habosra
- 1 teáskanál só
- 1 evőkanál cukor
- 2 csomag száraz élesztő (gyorsan kelesztő)
- 2 evőkanál natúr joghurt

UTASÍTÁS:

a) Adja hozzá mindkét csomag száraz élesztőt a meleg tejhez.

b) Az élesztőt dróthabverővel teljesen feloldjuk.

c) Adja hozzá ezt a keveréket a liszthez egy nagy keverőtálban. Ezután adjuk hozzá a tojást és keverjük össze.

d) Adjuk hozzá az olajat, a sót, a cukrot és a joghurtot. Ezek behajtása után

e) Hozzávalók, fedjük le a keverőedényt egy nedves törülközővel, és tegyük meleg helyre (ha jelzőlámpás gázsütőnk van, ez a tökéletes hely, különben a napfényes hely jól működik).

f) Hagyja a tésztát kelni (bárhol 20-40 percig), amíg nagyon könnyű, habos állagot nem kap.

g) Egy rácsot vagy egy nagy serpenyőt addig hevítünk, amíg vízcseppeket nem tudunk ráönteni, és felpattannak. Állítsa be a tüzet (vagy a tűzhely hőmérsékletét) a megfelelőre, de ügyeljen arra, hogy a tűz mérsékelt legyen. Az alacsonyabb hőmérséklet működik a legjobban.

ÉDESSÉG

20.Banán hajó

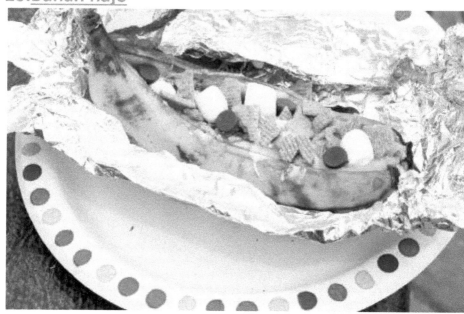

ÖSSZETEVŐK:

- 1 érett banán személyenként
- mini mályvacukrot
- csokoládé chips
- mogyoróvaj

UTASÍTÁS:

a) Húzza vissza a banánhéj egy hüvelyk széles részét, de ne törje le a banánról (egy kés segíthet a legjobb formára hozni)

b) Egy kanál segítségével kanalazunk ki egy kis banánpépet. Kívánság szerint töltsük meg mályvacukorral, csokireszelékkel és mogyoróvajjal

c) Tegye le a banánra a lehúzott héjat. Tekerje/tekerje be a banánt fóliába, és helyezze a tábortűz fölé vagy közelébe.

d) Énekelj ostoba dalokat vagy mesélj kísérteties történeteket (kb. 10 perc). Vegyük le a tűzről, bontsuk ki, és kanál segítségével kanalazzuk ki a finom, ragacsos édesség darabjait.

21.Backcountry torta

ÖSSZETEVŐK:

- 1 csésze Bisquick
- ⅓ csésze forró kakaó keverék
- ⅓ csésze cukor
- 1 csésze víz méz

UTASÍTÁS:

a) Alaposan keverje össze az összes szilárd anyagot, majd lassan keverje hozzá a vizet.

b) Öntsük a tésztát egy tapadásmentes vagy kivajazott tepsibe (mi kevés olívaolajat használtunk).

c) Főzzük tűzön vagy tűzhelyen, de nagyon ügyeljünk a hőmérséklet szabályozására.

d) Annak elkerülése érdekében, hogy az alja megégjen, módosíthatja az edény magasságát, vagy tegye a serpenyőt egy forrásban lévő víz tetejére.

e) ½ hüvelyk vastag tészta van a serpenyőben, körülbelül 15 percet vesz igénybe az alapos főzés.

f) Ha szeretné, ismételje meg, hogy több réteget hozzon létre, és rakja össze őket mézzel.

22.Camping Orange Surprise

ÖSSZETEVŐK:

- egész narancs
- mézeskalács torta keverék
- összetevők a keverék elkészítéséhez
- almák
- mazsolák
- sárgarépa
- vaníliás joghurt
- zeller
- apró mályvacukrot
- Majonéz

UTASÍTÁS:

a)   A narancsokat félbevágjuk, a belsejét kikanalazzuk (a héját kivéve).

b)   Tegye a pépet egy nagy tálba. Az almát szeletekre vágjuk, a sárgarépát felkockázzuk, a zellert pedig apró falatnyi darabokra vágjuk. Adjuk hozzá a mazsolát és a mályvacukrot.

c)   A majonézt és a joghurtot öntetbe keverjük, és a salátához használjuk.

d)   Egy külön tálban adjuk hozzá a torta keveréket és a többi hozzávalót.

e)   Töltsük meg a kikanalazott narancshéjat ¾-ig süteménykeverékkel.

f)   Tegye a narancshéj- és süteménykeveréket egyenletes parázsra a leégett tűzről vagy faszénről. Lazán letakarhatod egy fóliával.

g)   Készre sütjük (fogpiszkáló teszt). Most egy egészséges saláta és narancs ízű sütemény desszert.

23.Tábortűz suszter

ÖSSZETEVŐK:

- 2 nagy doboz őszibarack, alma vagy cseresznye morzsás tortakeverék
- 1 tojás
- tejfröccs

UTASÍTÁS:

a) Egy holland sütőben öntsön két nagy doboz gyümölcsöt az edénybe.

b) Keverjünk össze egy doboz morzsás süteménykeveréket egy tojással és egy kevés tejjel.

c) Öntsük a tésztát a gyümölcs tetejére, és szeleteljünk fel egy rúd vajat, és tegyünk szeleteket a keverék tetejére.

d) Fedjük le az edényt, és pár lapáttal a fedél tetején tűzforró szénnel főzzük kb. 30-40 percig, amíg a sütemény puha nem lesz, és a morzsás feltét elkészül.

e) Távolítsa el a szenet és élvezze. A legjobb, ha hagyod kihűlni. A leforrázott gyümölcs megégeti barátja száját!

24.Édes finomságok

ÖSSZETEVŐK:

- hűtött keksz
- olvasztott vaj
- fahéj
- cukor, méz vagy lekvár

UTASÍTÁS:

a) Vegyük elő kedvenc hűtőkekszünket, és lapítsuk el kissé.

b) Tekerjük fel őket egy pálcikára, és süssük aranybarnára, és belül is készre sütjük.

c) Forgassuk meg olvasztott vajban vagy margarinban (lehet, hogy a vajspray működhet), majd forgassuk meg vagy rázzuk össze fahéj és cukor keverékében.

d) Barna cukorral vagy porcukorral vaj is jó, de használhatunk mézet vagy lekvárt/zselét.

25.Mogyoróvajas sütik

ÖSSZETEVŐK:

- 1 csésze mogyoróvaj
- 1 csésze sima liszt
- 1 csésze barna cukor
- ¼ csésze majonéz
- ¼ csésze méz

UTASÍTÁS:

a) Keverje össze az összetevőket, amíg sima állagot nem kap.

b) Készítsen tüzet lassú főzésű tölgyfával, száraz gyújtással, amíg vörös láva kinézetű szénné nem ég. Egyenletesen terítse el a parazsat, hogy oldalról oldalra megtöltse a gödröt, a használt edény méretének megfelelően.

c) Az öntöttvas vagy nehéz acél serpenyő kiválóan működik, és ne feledje, minél vékonyabb a serpenyő, annál melegebb a sütési hőmérséklet. (Kis házi sütő technikát szeretne biztosítani a sütéshez, nem perzselő vagy perzselő).

d) Állítsa az állványt a szén fölé úgy, hogy körülbelül öt hüvelyk különbség legyen a szén és az állvány között.

e) Lisztezze meg a kezét, és kanalazzon ki körülbelül 1 evőkanál tésztát a tenyerébe, és nyújtsa fél dollár érme méretű, körülbelül fél hüvelyk vastagságú formára. Ezután tegyük a tepsibe, és villával nyomkodjuk meg a tetejét, amíg a tészta egy része át nem présel a tüskén.

f) Szépen megtöltjük a serpenyőt a sütik közötti kis távolságokkal.

g) Fedjük le a serpenyőt alufóliával, de ne zárjuk le a fóliát a serpenyőre. (Ez lehetővé teszi, hogy a főzési folyamat megtartsa a hőt, de nem hoz létre gőzfürdőt).

h) Nagyon finoman fűszerezzük a serpenyőt, mert a mogyoróvajnak saját olaja van.

i) Helyezze a serpenyőt a tűz fölé fűtött rácsra, és hagyja legalább 15 percig, hogy a sütemények megsüljenek úgy, hogy a villás tetejük ízlés szerint világos vagy sötét aranybarna árnyalatot kapjon.

26.Smore-tacular alma

ÖSSZETEVŐK:

- almák
- négyzetekre osztott csokoládé
- nagy mályvacukrot

UTASÍTÁS:

a) Hagyja egészben az almát, dinnyegombóccal kimagozzuk, de az alját hagyja szilárd.

b) Dobj két négyzet Hershey-t a lyukba, és zárd le egy nagy mályvacukorral.

c) Csomagold be fóliába, és süsd meg a parázsban, mint egy sült burgonyát.

27.Camping Dump torta

ÖSSZETEVŐK:

- Vaj
- 16 uncia doboz gyümölcspite-töltelék
- 1 doboz torta keverék
- ½ csésze víz

UTASÍTÁS:

a) Vajazz ki egy holland sütő fedelének belsejét és alját.
b) Öntsük a pitétölteléket a holland sütőbe.
c) Adjuk hozzá a torta keveréket. Egyenletesen oszlassuk el.
d) A tetejét megkenjük vajjal. Öntsük a vizet a tetejére.
e) Helyezze a fedőt a holland sütőre. Helyezze a holland sütőt szénbe.
f) Lapátoljon néhány szenet a fedél tetejére.
g) Süssük hüvelykben körülbelül 30-45 percig.
h) Tesztelje a sütemény készségét.
i) Ha szükséges, tegye vissza szénre, 10-15 percenként ellenőrizze.

28.Cherry Caramel finomságok

ÖSSZETEVŐK:

- 1 doboz fudge brownie mix
- 1 ½ csésze kókuszreszelék
- 1 ½ csésze apróra vágott, kandírozott cseresznye
- 2 ek cseresznye ízesítő olaj
- 1 csésze darált dió, osztva
- porcukor (a feltéthez)
- Rövidítés, zsírozáshoz

UTASÍTÁS:

a) Kövesse a brownie-keverésre vonatkozó utasításokat a dobozon. Adjunk hozzá kókuszt, ¾ csésze diót, aromaolajat és cseresznyét.

b) Jól keverjük össze! Öntse a tésztát kivajazott holland sütőbe vagy fedett tepsibe. Adjunk hozzá szenet (5 felül, 7 alul).

c) Süt. Ez akkor történik, amikor a kés tisztán jön ki.

d) A tetejére szórjuk a maradék diót, és megszórjuk porcukorral.

e) Hagyjuk kihűlni. Négyzetekre vágjuk.

29.Kávés Fagylalt

ÖSSZETEVŐK:

- 1 pint fél és fél
- ½ csésze cukor
- 1 tojás
- 1 teáskanál vanília vagy 2 ek csokoládészirup vagy ¼ csésze eper

UTASÍTÁS:

a) Adja hozzá a fenti összetevőket az 1 kilós kávésdobozhoz. Tegye rá a fedelet a kávésdobozra, és rögzítse ragasztószalaggal.

b) Helyezze az 1 kilós kávésdobozt a 3 kilós kávésdobozba.

c) Rétegezz zúzott jéggel és kősóval, majd helyezd rá a fedelet a 3 kilós kávésdobozra.

d) Most kezdődik a móka! Keress egy partnert. Üljön le a földre, és forgassa a kávésdobozt előre-hátra, egymástól 3-4 láb távolságra.

e) 8-10 percig tekerjük. Ellenőrizze, hogy kemény-e a fagylalt. Ha nem , tegye vissza a fedőt, és adjon hozzá több jeget és kősót. További 8 percig tekerjük. Jó méretű tálakba tálaljuk.

30.Trail Brownies

ÖSSZETEVŐK:

- ½ csésze graham keksz, összetörve
- 1 evőkanál tejpor
- 2 evőkanál dió, apróra vágva
- 2 uncia csokoládé chips

UTASÍTÁS:

a) Otthon: Csomagolja össze a Graham kekszet és a diót egy zacskóba. Egy külön zacskóban keverje össze a tejet és a chipseket.

b) A táborban: Adjunk hozzá 2 evőkanál forrásban lévő vizet a tej/chips keverékhez, és keverjük, amíg elolvad.

c) Gyorsan keverje hozzá a keksz/dió keveréket, és hagyja kihűlni .

31.Tábortűz fahéjas alma

ÖSSZETEVŐK:

- Almák
- Fahéjas cukorkák/Red Hots
- Alufólia

UTASÍTÁS:

a) Egy éles késsel vagy almamag kihúzásával minden almát magozzon ki, ügyelve arra, hogy ne menjen át teljesen.

b) Minden almát megtöltünk fahéjas cukorkákkal, és fóliába csomagoljuk.

c) Forró parázsra tesszük és addig melegítjük , amíg a cukorka megolvad és az alma megpuhul .

d) Gyakran kapcsolja be a szenet az egyenletes fűtés érdekében. Ha több cukorkát szeretsz középen, magozzon ki egy nagyobb részt az almából, és élvezze a kivágott részt, miközben várja, hogy megsüljön.

e) Ezek nagyon forróak, felül kell kinyitni , és körülbelül 10 percig állni kell, miután kiszedték a parázsból, mielőtt megpróbálnák megenni.

32.Tábortűz fahéjas kávétorta

ÖSSZETEVŐK:

- 1 ek vaj vagy margarin
- 1 csésze csomagolt keksz keverék (Bisquick stb.)
- ⅓ csésze elpárologtatott tej, hígítatlanul
- 1 ek Elkészített fahéjas-cukor

UTASÍTÁS:

a) Kávétorta készítése: A vajat vágjuk apró darabokra a kekszkeveréken egy közepes tálban. Enyhén megforgatjuk villával, amíg a vaj meg nem vonja .

b) Készítsen egy kutat a közepén.

c) Öntsük hozzá a tejet és a fahéjas cukrot, villával keverjük addig, amíg a keverék megnedvesedik .

d) 8 hüvelykes, fényes, nehéz serpenyőbe forgatjuk .

e) Lisztezett kézzel simítsuk egyenletesen a serpenyőbe.

f) Főzzük lefedve, nagyon alacsony lángon 12-15 percig, vagy amíg a közepébe helyezett tortapróba vagy fa csákány tisztán ki nem jön.

FELTÉTELÉHEZ:

g) A kávétortát megkenjük 2 evőkanál vajjal vagy margarinnal.

h) Ezután szórjunk rá 1 teáskanál kész fahéjas-cukrot.

i) Vágjuk negyedekre, és melegen tálaljuk.

33.Tábortűz fondü

ÖSSZETEVŐK:

- 2 csésze reszelt cheddar VAGY svájci sajt
- 2 ek Univerzális liszt
- ¼ teáskanál paprika
- 1 doboz Zellerkrémleves
- ½ csésze sör vagy fehérbor vagy víz

UTASÍTÁS:

a) Keverjük össze a levest és a sört. Vízforralóban lassú tűzön felforrósítjuk.

b) Keverjük össze a sajtot, a lisztet és a paprikát.

c) Adjuk hozzá a vízforralóhoz, keverjük addig, amíg a sajt teljesen elolvad .

d) kenyérkockákkal tálaljuk .

ITALOK

34.Tábortűz forró kakaó

ÖSSZETEVŐK:

- 8 liter tejpor
- 16 uncia Nestle Quick
- 1 csésze porcukor

UTASÍTÁS:

a) Az összes hozzávalót összekeverjük, lezárt edényben tároljuk.

b) Forró kakaó elkészítése: adjunk hozzá 5 teáskanál keveréket 8 uncia forró vízhez.

35.C amping C owboy Coffee

ÖSSZETEVŐK:

- 1 evőkanál durvára őrölt kávé
- 8 uncia pohár

KÜLÖNLEGES FELSZERELÉS:

- kicsi, tiszta rúd vagy kavicsos csésze, amely alkalmas forró italhoz, tiszta bandana

UTASÍTÁS:

a) Tedd a vizet az edénybe, és forrald fel. Fedővel gyorsabban felforr.

b) Ha a víz felforrt, csészénként adjunk hozzá egy evőkanál durvára őrölt kávét. Kevesebbet adjon hozzá, ha a gyenge kávét szereti, többet, ha az erőset szereti.

c) Hagyja forrni a vizet két-három percig, majd vegye le a kávéfőzőt a tűzről. Figyelje meg, hogy a kávézacc egy része a felszínen lebeg, míg mások az edény aljára süllyedtek.

d) Vegye ki a botot vagy kavicsot, és dobja be a kávéskannába.

e) Ez megtöri a felületi feszültséget, és lehetővé teszi a lebegő talaj lesüllyedését.

f) Miután a zacc leülepedett az alján, öntse a kávét a csészébe. Ha nagyon aggódik amiatt, hogy kávézacc kerül a fogaiba, használjon kendővel öntse át a kávét.

g) A gondos öntéssel azonban minimálisra csökkenthető a csészébe kerülő zacc mennyisége, akárcsak az óvatos kortyolás.

36.Belga Hot Toddy

ÖSSZETEVŐK:

- 1 csésze forró víz
- 2 uncia belga whisky vagy genever
- 1 evőkanál méz
- 1 citrom szelet
- szegfűszeg (opcionális)

UTASÍTÁS:

a) Egy bögrében keverje össze a forró vizet, a belga whiskyt vagy a genevert és a mézet.

b) Adjunk hozzá egy citrom szeletet a keverékhez.

c) Kívánt esetben a citromszeletet megszórjuk szegfűszeggel.

d) Jól keverjük össze, és tálalás előtt hagyjuk állni pár percig.

37.Chai Hot Toddy

ÖSSZETEVŐK:

- 3 csésze víz
- 1 fahéjrúd
- 6 egész szegfűszeg
- 6 kardamom hüvely enyhén összetörve
- 2 zacskó chai tea
- ¼ csésze fűszerezett rum vagy bourbon
- 2 evőkanál méz
- 1 evőkanál frissen facsart citromlé vagy 2 szelet citrom

UTASÍTÁS:

a) Egy közepes lábasban keverje össze a vizet, a fahéjrudakat, a szegfűszeget és az enyhén összetört kardamomhüvelyeket. Ha van teaforráztatónk, akkor belehelyezhetjük a fűszereket, hogy elkerüljük a későbbi megfeszülést. Forraljuk fel a keveréket.

b) Vegyük le a serpenyőt a tűzről, és tegyük bele a chai teazacskókat. Fedjük le és hagyjuk kelni 15 percig. Ezután szűrje át a keveréket egy finom szitán, hogy eltávolítsa a teatasakokat és a fűszereket.

c) Tegye vissza a fűszerezett teát a serpenyőbe, és melegítse melegre.

d) Keverje hozzá a fűszerezett rumot (vagy bourbont), a mézet és a citromlevet, ha úgy tetszik. Jól összekeverni.

e) Osszuk el a forró toddyt két felmelegített bögre között, és azonnal tálaljuk. Alternatív megoldásként tálaljon minden bögrét citromszelettel, hogy ízlés szerint facsarjon bele. Élvezd!

38.Peach Hot Toddy

ÖSSZETEVŐK:

- 40 oz (1 üveg) őszibaracklé
- 1/4 csésze barna cukor (csomagolva)
- 2 fahéj rúd
- 2 ek vaj/margarin
- 1/2 csésze őszibarack pálinka (opcionális)
- Díszítésként további fahéjrúd.

UTASÍTÁS:

a) Keverje össze a levet, a barna cukrot, a fahéjrudakat és a vajat/margarint egy holland sütőben vagy lefedett serpenyőben, és forralja fel.

b) Vegyük le a tűzről, dobjuk ki a fahéjrudakat, adjuk hozzá a pálinkát, (ha szeretnénk) díszítsük barackszelettel és fahéjrúddal, és tálaljuk.

39.Bodza Hot Toddy Elixír

ÖSSZETEVŐK:

- 2 csésze ír whisky
- ½ csésze szárított bodza
- 2 hüvelykes gombóc friss gyömbér, vékonyra szeletelve
- 1-3 hüvelykes fahéjrúd, törve
- 6-8 egész szegfűszeg
- ½ csésze méz

UTASÍTÁS:

a) Keverje össze a whiskyt, a bodzát, a gyömbért, a fahéjat és a szegfűszeget egy közepes serpenyőben.

b) Pároljuk 1 órán át alacsony lángon, időnként megkeverve. Ne forraljuk.

c) 1 óra múlva vegyük le a tűzről. Fedjük le és hagyjuk állni 1 órát.

d) Amíg a whiskykeverék még meleg, öntsük egy finom szűrőn keresztül egy befőttesüvegbe. Dobja el a gyógynövényeket és a fűszereket.

e) Tisztítsa meg a serpenyőt, és tegye vissza a whiskyt a serpenyőbe.

f) Adja hozzá a mézet a meleg whiskyhez, és óvatosan keverje össze, amíg jól el nem keveredik.

g) Ha teljesen kihűlt, öntsük a befőttesüvegbe vagy egy szép likőrös üvegbe, és tároljuk a kamrában szobahőmérsékleten.

40.Heather Honey Hot Toddy

ÖSSZETEVŐK:

- 2 oz skót whisky
- 1 evőkanál hangaméz
- Forró víz
- Citromszelet
- szegfűszeg (opcionális)

UTASÍTÁS:

a) Mérj ki egy bögrébe 2 uncia kedvenc skót whiskyt.

b) Adjunk hozzá egy evőkanál hangamézet a bögréhez.

c) Facsarj egy szelet citromot a bögrébe. Opcionálisan néhány szegfűszeget szúrhat a citromszeletbe a további íz érdekében.

d) Öntsön forró vizet a bögrébe, és töltse meg a kívánt erősségig.

e) A keveréket jól keverjük össze, hogy a méz teljesen feloldódjon.

f) állni az italt egy-két percig, hogy az ízek összeérjenek.

g) Kóstolja meg és állítsa be az édességet vagy fanyarságot úgy, hogy ha szükséges, adjon hozzá még több mézet vagy citromot.

h) Távolítsa el a citromkarikát és a szegfűszeget.

41.Forralt rozmaringbor és fekete tea

ÖSSZETEVŐK:

- 1 Palack bordó; VAGY... más testes vörösbor
- 1 liter Fekete tea pref. Assam vagy Darjeeling
- ¼ csésze Enyhe méz
- ⅓ csésze Cukor; vagy ízlés szerint
- 2 A narancsot vékonyra szeleteljük és kimagozzuk
- 2 Fahéjrúd (3 hüvelykes)
- 6 Egész szegfűszeg
- 3 Rozmaring gallyak

UTASÍTÁS:

a)   Ennek az italnak az aromája hívogató, és a puncs nagyon alacsony lángon néhány órán keresztül melegen tartható , így a ház illata csodálatos. Ha van maradék, távolítsa el a narancsot és a rozmaringot, hagyja a puncsot szobahőmérsékletűre hűlni, majd hűtse le. Friss naranccsal és rozmaringgal finoman átmelegítve a puncs kicsit erősebb lesz, de így is kellemes.

b)   Öntse a bort és a teát egy nem korrodálódó serpenyőbe. Adjuk hozzá a mézet, a cukrot, a narancsot, a fűszereket és a rozmaringot. Lassú tűzön addig melegítjük, amíg alig párolódik. Addig keverjük, amíg a méz fel nem oldódik .

c)   Vegyük le a serpenyőt a tűzről, fedjük le, és hagyjuk állni legalább 30 percig. Ha készen áll a tálalásra, melegítse fel párolásig, és forrón tálalja.

42.Forralt Ale fűszerekkel és pálinkával

ÖSSZETEVŐK

- 18 uncia karácsonyi sör
- 2½ evőkanál sötétbarna cukor
- 4-6 szegfűszeg ízlés szerint
- 2 csillagos ánizs
- 1 fahéjrúd
- ½ teáskanál őrölt szerecsendió
- 6 db narancshéj
- 3 uncia brandy

UTASÍTÁS

a) Egy serpenyőben vagy kis edényben keverjük össze az sört (másfél üveg, összesen 18 uncia) a barna cukorral és a szerecsendióval, adjuk hozzá a szegfűszeget, a csillagánizst, a fahéjrudat és a narancshéjat.

b) Lassú tűzön forraljuk fel (nem hagyjuk felforrni), keverjük meg, hogy a cukor feloldódjon, és hagyjuk 2-3 percig főni, hogy a fűszerek jól átjárják .

c) Levesszük a tűzről és hozzáadjuk a brandyt.

d) Bögrékben, narancsszelettel díszítve tálaljuk, és felelősségteljesen fogyasztjuk.

43.Kardamommal és rózsával fűszerezett forró csokoládé

ÖSSZETEVŐK:

- 2 csésze tej (tej vagy alternatív tej)
- 2 evőkanál kakaópor
- 2 evőkanál cukor (ízlés szerint)
- ½ teáskanál őrölt kardamom
- ¼ teáskanál rózsavíz
- Csipetnyi őrölt fahéj
- Díszítésnek tejszínhab és szárított rózsaszirom
- Mályvacukor, feltéthez

UTASÍTÁS:

a) Egy serpenyőben melegítsük fel a tejet közepes lángon, amíg forró, de nem forr.

b) Egy kis tálban keverjük össze a kakaóport, a cukrot, a kardamomot, a rózsavizet és a fahéjat.

c) Fokozatosan keverje hozzá a kakaós keveréket a forró tejhez, amíg jól össze nem áll és simára nem válik.

d) Folytassa a keverék melegítését, amíg el nem éri a kívánt hőmérsékletet, időnként megkeverve.

e) A fűszerezett forró csokoládét öntsük bögrékbe, és díszítsük tejszínhabbal, mályvacukorral és szárított rózsaszirmokkal. Tálald és élvezd!

44.Mexikói ihletésű fűszeres csokoládé

ÖSSZETEVŐK:

- 2 csésze tej (tej vagy alternatív tej)
- 2 uncia étcsokoládé, apróra vágva
- 2 evőkanál kakaópor
- 2 evőkanál cukor (ízlés szerint)
- ½ teáskanál őrölt fahéj
- ¼ teáskanál őrölt szerecsendió
- csipetnyi cayenne bors (elhagyható)
- Tejszínhab és kakaópor a díszítéshez

UTASÍTÁS:

a) Egy serpenyőben melegítsük fel a tejet közepes lángon, amíg forró, de nem forr.

b) Adjuk hozzá a tejhez az apróra vágott étcsokoládét, a kakaóport, a cukrot, a fahéjat, a szerecsendiót és a cayenne borsot (ha használunk).

c) Folyamatosan keverjük, amíg a csokoládé el nem olvad , és a keverék sima és jól össze nem áll.

d) Folytassa a fűszerezett forró csokoládé melegítését, időnként megkeverve, amíg el nem éri a kívánt hőmérsékletet.

e) Bögrékbe töltjük, a tetejére tejszínhabbal szórjuk, megszórjuk kakaóporral. Tálald és élvezd!

45.Mézeskalács fűszerezett forró csokoládé

ÖSSZETEVŐK:

- 2 csésze tej (tej vagy alternatív tej)
- 2 evőkanál kakaópor
- 2 evőkanál barna cukor
- ½ teáskanál őrölt gyömbér
- ½ teáskanál őrölt fahéj
- ¼ teáskanál őrölt szerecsendió
- Csipet őrölt szegfűszeg
- Díszítésnek tejszínhab és mézeskalács süti morzsa

UTASÍTÁS:

a) Egy serpenyőben melegítsük fel a tejet közepes lángon, amíg forró, de nem forr.

b) Egy kis tálban keverjük össze a kakaóport, a barna cukrot, a gyömbért, a fahéjat, a szerecsendiót és a szegfűszeget.

c) Fokozatosan keverje hozzá a kakaós keveréket a forró tejhez, amíg jól össze nem áll és simára nem válik.

d) Folytassa a fűszerezett forró csokoládé melegítését, időnként megkeverve, amíg el nem éri a kívánt hőmérsékletet.

e) Bögrékbe töltjük, a tetejét tejszínhabbal megkenjük, a tetejére mézeskalács süti morzsát szórunk. Tálald és élvezd!

ÖSSZETEVŐK:

- 2 csésze tej (tej vagy alternatív tej)
- 2 evőkanál kakaópor
- 2 evőkanál cukor (ízlés szerint)
- 1 teáskanál chai tealevél (vagy 1 zacskó chai)
- ½ teáskanál őrölt fahéj
- ¼ teáskanál őrölt kardamom
- Csipet őrölt gyömbér
- Díszítésnek tejszínhabbal és egy csipetnyi fahéjjal

UTASÍTÁS:

a)   Egy serpenyőben melegítsük fel a tejet közepes lángon, amíg forró, de nem forr.

b)   Adja hozzá a chai tealeveleket (vagy teazacskót) a tejhez, és hagyja állni 5 percig. Távolítsa el a tealeveleket vagy a zacskót.

c)   Egy kis tálban keverjük össze a kakaóport, a cukrot, a fahéjat, a kardamomot és a gyömbért.

d)   Fokozatosan keverje hozzá a kakaós keveréket a forró tejhez, amíg jól össze nem áll és simára nem válik.

e)   Folytassa a fűszerezett forró csokoládé melegítését, időnként megkeverve, amíg el nem éri a kívánt hőmérsékletet.

f)   Bögrékbe töltjük, a tetejét megkenjük tejszínhabbal, és megszórjuk fahéjjal. Tálald és élvezd!

47.Peta forró csokoládé

ÖSSZETEVŐK:

- ½ csésze cukrozatlan kakaópor
- ½ csésze cukor
- 1 csipetnyi só
- ½ csésze víz
- 6 csésze vaníliás szójatej
- tofu tejszínhab
- fahéjrudacskák

UTASÍTÁS:

a) Egy 2 literes serpenyőben keverje össze a kakaót, a cukrot és a sót, amíg jól el nem keveredik.

b) Adjuk hozzá a vizet és keverjük simára. Közepes lángon főzzük forrásig, folyamatosan keverjük kanállal vagy habverővel.

c) Csökkentse a hőt és főzzük 2 -ig percig még, folyamatosan kevergetve.

d) Hozzákeverjük a szójatejet , és állandó keverés mellett addig melegítjük, amíg apró buborékok keletkeznek a szélén. Vegyük le a serpenyőt a tűzről. Habverővel vagy elektromos keverővel simára és habosra keverjük, majd 8 unciás bögrékbe öntjük.

e) Tetejét felvert tofuval díszítjük, és fahéjrudakkal díszítjük.

48.Red Velvet forró csokoládé

ÖSSZETEVŐK:

- 14 uncia édesített sűrített tej
- 1 csésze nehéz tejszín
- 6 csésze teljes tej
- 1 csésze félédes csokoládé chips
- 1 evőkanál vanília kivonat
- 1 evőkanál krémsajt
- 4 csepp piros ételzselé

UTASÍTÁS:

a) Adja hozzá az édesített sűrített tejet, a csokoládédarabkákat, a kemény tejszínt, a tejet és a vaníliakivonatot a lassú tűzhelybe, és lassú tűzön főzze 3 órán át, óránként keverve. Csokoládé és tej a lassú tűzhelyben

b) Ha a csokoládé felolvadt, keverjük hozzá a krémsajtot és a piros ételfestéket.

c) Ha szükséges, folytassa a főzést, vagy csökkentse a hőt, és tálalja. Csokoládé a lassú tűzhelyben

d) Ha a keverék túl sűrű az ízlése szerint, további tejjel vagy vízzel hígíthatja. Vörös bársonyos forró csokoládé átlátszó bögrében.

49.Sajtos forró csokoládé

ÖSSZETEVŐK:

- 2 csésze tej
- ½ csésze nehéz tejszín
- 1 csésze reszelt amerikai sajt
- 2 evőkanál kakaópor
- 2 evőkanál cukor
- 1 teáskanál vanília kivonat

UTASÍTÁS:

a) Egy serpenyőben közepes lángon melegítsük fel a tejet és a tejszínt.

b) Hozzáadjuk a reszelt amerikai sajtot, és addig keverjük, amíg elolvad és összeáll.

c) Adjuk hozzá a kakaóport, a cukrot és a vaníliakivonatot, és keverjük jól össze.

d) Forrón tálaljuk.

50.Kecskesajt és mézes forró csokoládé

ÖSSZETEVŐK:

- 2 csésze tej (tej vagy alternatív tej)
- 2 evőkanál kakaópor
- 2 evőkanál méz (ízlés szerint)
- ¼ csésze kecskesajt, morzsolva
- Csipet só
- Tejszínhab és egy csepp méz a díszítéshez

UTASÍTÁS:

a) Egy serpenyőben melegítsük fel a tejet közepes lángon, amíg forró, de nem forr.

b) Egy kis tálban keverjük össze a kakaóport, a mézet és a sót.

c) Fokozatosan keverje hozzá a kakaós keveréket a forró tejhez, amíg jól össze nem áll és simára nem válik.

d) Adjuk hozzá a morzsolt kecskesajtot a forró csokoládéhoz, és keverjük addig, amíg el nem olvad és beépül a keverékbe.

e) Folytassa a sajtos forró csokoládé melegítését, időnként megkeverve, amíg el nem éri a kívánt hőmérsékletet.

f) Bögrékbe töltjük, a tetejét tejszínhabbal megkenjük, meglocsoljuk mézzel. Tálald és élvezd!

51.Kék sajt Forró csokoládé

ÖSSZETEVŐK:

- 2 csésze tej (tej vagy alternatív tej)
- 2 evőkanál kakaópor
- 2 evőkanál cukor (ízlés szerint)
- ¼ csésze kéksajt, morzsolva
- Csipet só
- Díszítésnek tejszínhab és morzsolt kéksajt megszórása

UTASÍTÁS:

a) Egy serpenyőben melegítsük fel a tejet közepes lángon, amíg forró, de nem forr.

b) Egy kis tálban keverjük össze a kakaóport, a cukrot és a sót.

c) Fokozatosan keverje hozzá a kakaós keveréket a forró tejhez, amíg jól össze nem áll és simára nem válik.

d) A forró csokoládéhoz adjuk az elmorzsolt kéksajtot, és addig keverjük, amíg elolvad, és beleolvad a keverékbe.

e) Folytassa a sajtos forró csokoládé melegítését, időnként megkeverve, amíg el nem éri a kívánt hőmérsékletet.

f) Bögrékbe töltjük, a tetejét tejszínhabbal megkenjük, megszórjuk morzsolt kéksajttal. Tálald és élvezd!

52.Parmezán és tengeri só forró csokoládé

ÖSSZETEVŐK:

- 2 csésze tej (tej vagy alternatív tej)
- 2 evőkanál kakaópor
- 2 evőkanál cukor (ízlés szerint)
- ¼ csésze reszelt parmezán sajt
- Csipet tengeri só
- Díszítésnek tejszínhabbal és reszelt parmezánnal megszórjuk

UTASÍTÁS:

a) Egy serpenyőben melegítsük fel a tejet közepes lángon, amíg forró, de nem forr.

b) Egy kis tálban keverjük össze a kakaóport, a cukrot és a tengeri sót.

c) Fokozatosan keverje hozzá a kakaós keveréket a forró tejhez, amíg jól össze nem áll és simára nem válik.

d) Adjuk hozzá a reszelt parmezán sajtot a forró csokoládéhoz, és keverjük addig, amíg el nem olvad és beépül a keverékbe.

e) Folytassa a sajtos forró csokoládé melegítését, időnként megkeverve, amíg el nem éri a kívánt hőmérsékletet.

f) Bögrékbe töltjük, a tetejét tejszínhabbal megszórjuk, majd megszórjuk reszelt parmezánnal. Tálald és élvezd!

53.Pepper Jack és Cayenne forró csokoládé

ÖSSZETEVŐK:

- 2 csésze tej (tej vagy alternatív tej)
- 2 evőkanál kakaópor
- 2 evőkanál cukor (ízlés szerint)
- ¼ csésze reszelt paprika sajt
- ¼ teáskanál cayenne-i bors (a fűszerek preferenciájának megfelelően)
- Tejszínhabbal és egy csipetnyi cayenne borssal a díszítéshez

UTASÍTÁS:

a) Egy serpenyőben melegítsük fel a tejet közepes lángon, amíg forró, de nem forr.

b) Egy kis tálban keverjük össze a kakaóport, a cukrot és a cayenne borsot.

c) Fokozatosan keverje hozzá a kakaós keveréket a forró tejhez, amíg jól össze nem áll és simára nem válik.

d) Adjuk hozzá a reszelt paprika sajtot a forró csokoládéhoz, és keverjük addig, amíg el nem olvad és beépül a keverékbe.

e) Folytassa a sajtos forró csokoládé melegítését, időnként megkeverve, amíg el nem éri a kívánt hőmérsékletet.

f) Bögrékbe töltjük, a tetejére tejszínhabbal szórjuk, majd megszórjuk cayenne borssal. Tálald és élvezd!

54.T oblerone forró csokoládé

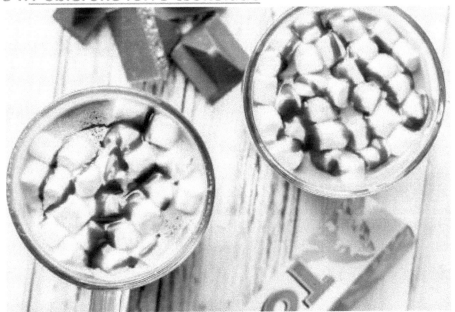

ÖSSZETEVŐK:

- Toblerone rúd
- ⅓ csésze édes tejszín
- 1 Habaneros, finomra aprítva

UTASÍTÁS

a) Alacsony lángon felmelegítjük a tejszínt és felolvasztjuk a csokoládét.

b) Gyakran keverje össze, hogy elkerülje a "forró pontokat".

c) Változtassa meg a krém mennyiségét a kívánt vastagságtól függően, amikor kihűlt.

d) Ha a tejszín és a csokoládé jól összekeveredett, keverjük hozzá a habaneros-t.

e) Hagyjuk kihűlni, és alma- vagy körteszelettel tálaljuk.

55.Cheesy Hot Toddy

ÖSSZETEVŐK:

- 1 csésze forró víz
- ½ uncia citromlé
- 1 evőkanál méz
- 1 fahéjrúd
- 1 uncia reszelt amerikai sajt

UTASÍTÁS:

a) Egy bögrében keverje össze a forró vizet, a citromlevet, a mézet és a fahéjrudat. Keverjük össze.

b) Hozzáadjuk a reszelt amerikai sajtot, és addig keverjük, amíg elolvad és összeáll.

c) Kivesszük a fahéjrudat és tálaljuk.

56.Kókuszos forró csokoládé

ÖSSZETEVŐK:

- 2 csésze kókusztej
- 2 evőkanál cukrozatlan kakaópor
- 2 evőkanál kristálycukor
- ½ teáskanál vanília kivonat
- Tejszínhab (elhagyható)
- Kókuszreszelék a díszítéshez (opcionális)

UTASÍTÁS:

a) Egy serpenyőben keverjük össze a kókusztejet, a kakaóport, a cukrot és a vaníliakivonatot.

b) Helyezze a serpenyőt közepes lángra, és addig keverje, amíg a keverék forró és gőzölög (de nem forr).

c) Levesszük a tűzről, és a forró csokoládét bögrékbe öntjük.

d) A tetejét tejszínhabbal megkenjük, és ízlés szerint kókuszreszelékkel díszítjük.

57.Ferrero Rocher forró csokoládé

ÖSSZETEVŐK:

- 2 csésze tej
- ¼ csésze nehéz tejszín
- 4 Ferrero Rocher csokoládé, apróra vágva
- Tejszínhab (elhagyható, a feltéthez)
- Kakaópor (opcionális, porozáshoz)

UTASÍTÁS:

a) Egy kis serpenyőben melegítsük fel a tejet és a tejszínt közepes lángon, amíg forró, de nem forr.

b) Adjuk hozzá az apróra vágott Ferrero Rocher csokoládét a serpenyőbe, és keverjük addig, amíg elolvad és jól össze nem keveredik.

c) A forró csokoládét öntsük bögrékbe.

d) Kívánság szerint a tetejét tejszínhabbal és kakaóporral megszórjuk.

e) Tálalja forrón, és élvezze a gazdag és kényeztető Ferrero Rocher Hot Chocolate-t.

58.Honeycomb Candy forró csokoládé

ÖSSZETEVŐK:

- 2 csésze tej (tej vagy növényi alapú)
- 2 evőkanál kakaópor
- 2 evőkanál cukor
- ¼ csésze méhsejt cukorka, összetörve
- Tejszínhab és csokoládéreszelék a feltéthez (opcionális)

UTASÍTÁS:

a) Egy serpenyőben melegítsük fel a tejet közepes lángon, amíg forró, de nem forr.

b) A kakaóport és a cukrot jól összekeverjük és simára keverjük.

c) Adjuk hozzá az összetört méhsejt cukorkát a forró csokis keverékhez.

d) Tovább melegítjük és keverjük, amíg a méhsejt cukorka megolvad

.

e) A forró csokoládét öntsük bögrékbe.

f) Ízlés szerint tejszínhabbal és csokoládéreszelékkel megkenjük.

g) Élvezze ezt a gazdag és dekadens méhsejt alakú édes forró csokoládét egy hűvös napon.

59.Maple forró csokoládé

ÖSSZETEVŐK:

- ¼ csésze cukor
- 1 evőkanál sütőkakaó
- ⅛ teáskanál só
- ¼ csésze forró víz
- 1 evőkanál vaj
- 4 csésze tej
- 1 teáskanál juhar aroma
- 1 teáskanál vanília kivonat
- 12 mályvacukor, osztva

UTASÍTÁS:

a) Keverje össze a cukrot, a kakaót és a sót egy nagy serpenyőben. Keverje hozzá a forró vizet és a vajat; közepes lángon felforraljuk.

b) Adjunk hozzá tejet, juhar aromát, vaníliát és 8 mályvacukrot.

c) Időnként megkeverve addig melegítjük, amíg a mályvacukor elolvad .

d) Merőkanál 4 bögrébe; tetejére maradék mályvacukrot.

60.Rose Hot Chocolate

ÖSSZETEVŐK:

- 2 csésze tej (tej vagy alternatív tej)
- 2 evőkanál kakaópor
- 2 evőkanál cukor (ízlés szerint)
- 1 teáskanál rózsavíz
- Díszítésnek tejszínhab és szárított rózsaszirom

UTASÍTÁS:

a) Egy serpenyőben melegítsük fel a tejet közepes lángon, amíg forró, de nem forr.

b) Egy kis tálban keverjük össze a kakaóport és a cukrot.

c) Keverje hozzá a rózsavizet, amíg jól össze nem áll.

d) Fokozatosan keverje hozzá a kakaós keveréket a forró tejhez, amíg sima és jól el nem keveredik.

e) Folytassa a forró csokoládé melegítését, időnként megkeverve, amíg el nem éri a kívánt hőmérsékletet.

f) Bögrékbe töltjük, a tetejét tejszínhabbal megkenjük, és szárított rózsaszirmokkal díszítjük. Tálald és élvezd!

61.Narancsvirág forró csokoládé

ÖSSZETEVŐK:

- 2 csésze tej (tej vagy alternatív tej)
- 2 evőkanál kakaópor
- 2 evőkanál cukor (ízlés szerint)
- 1 teáskanál narancsvirágvíz
- Tejszínhab és narancshéj a díszítéshez

UTASÍTÁS:

a) Egy serpenyőben melegítsük fel a tejet közepes lángon, amíg forró, de nem forr.

b) Egy kis tálban keverjük össze a kakaóport és a cukrot.

c) Keverje hozzá a narancsvirágvizet, amíg jól össze nem áll.

d) Fokozatosan keverje hozzá a kakaós keveréket a forró tejhez, amíg sima és jól el nem keveredik.

e) Folytassa a narancsvirágos forró csokoládé melegítését, időnként megkeverve, amíg el nem éri a kívánt hőmérsékletet.

f) Bögrékbe töltjük, a tetejét tejszínhabbal megkenjük, narancshéjjal díszítjük. Tálald és élvezd!

62.Bodzavirág forró csokoládé

ÖSSZETEVŐK:

- 2 csésze tej (tej vagy alternatív tej)
- 2 evőkanál kakaópor
- 2 evőkanál cukor (ízlés szerint)
- 1 evőkanál bodzaszörp
- Díszítésnek tejszínhab és ehető virágok

UTASÍTÁS:

a) Egy serpenyőben melegítsük fel a tejet közepes lángon, amíg forró, de nem forr.

b) Egy kis tálban keverjük össze a kakaóport és a cukrot.

c) Keverje hozzá a bodzaszirupot, amíg jól össze nem áll.

d) Fokozatosan keverje hozzá a kakaós keveréket a forró tejhez, amíg sima és jól el nem keveredik.

e) Folytassa a bodzavirág forró csokoládé melegítését, időnként megkeverve, amíg el nem éri a kívánt hőmérsékletet.

f) Bögrékbe töltjük, a tetejét tejszínhabbal megkenjük, és ehető virágokkal díszítjük. Tálald és élvezd!

63.Hibiszkusz forró csokoládé

ÖSSZETEVŐK:

- 2 csésze tej (tej vagy alternatív tej)
- 2 evőkanál kakaópor
- 2 evőkanál cukor (ízlés szerint)
- 1 evőkanál szárított hibiszkusz virág
- Díszítésnek tejszínhab és megszórjuk a hibiszkuszszirmokat

UTASÍTÁS:

a) Egy serpenyőben melegítsük fel a tejet közepes lángon, amíg forró, de nem forr.

b) Egy kis tálban keverjük össze a kakaóport és a cukrot.

c) Adja hozzá a szárított hibiszkuszvirágokat a forró tejhez, és hagyja állni 5 percig. Távolítsa el a hibiszkusz virágait.

d) Fokozatosan keverje hozzá a kakaós keveréket a forró tejhez, amíg jól össze nem áll és simára nem válik.

e) Folytassa a hibiszkusz forró csokoládé melegítését, időnként megkeverve, amíg el nem éri a kívánt hőmérsékletet.

f) Bögrékbe töltjük, a tetejét megkenjük tejszínhabbal, és megszórjuk hibiszkuszszirmokkal. Tálald és élvezd!

64.Levendula forró csokoládé

ÖSSZETEVŐK:

- 2 csésze tej (tej vagy alternatív tej)
- 2 evőkanál kakaópor
- 2 evőkanál cukor (ízlés szerint)
- 1 teáskanál szárított levendula virág
- ½ teáskanál vanília kivonat
- Díszítésnek tejszínhab és levendulaszirom

UTASÍTÁS:

a) Egy serpenyőben melegítsük fel a tejet közepes lángon, amíg forró, de nem forr.

b) Egy kis tálban keverjük össze a kakaóport és a cukrot.

c) Adjuk hozzá a szárított levendula virágokat a forró tejhez, és hagyjuk állni 5 percig. Távolítsa el a levendula virágait.

d) Fokozatosan keverje hozzá a kakaós keveréket a forró tejhez, amíg jól össze nem áll és simára nem válik.

e) Belekeverjük a vaníliakivonatot.

f) Folytassa a levendulával bevont forró csokoládé melegítését, időnként megkeverve, amíg el nem éri a kívánt hőmérsékletet.

g) Bögrékbe töltjük, a tetejét tejszínhabbal megkenjük, és levendula szirmokkal díszítjük. Tálald és élvezd!

65.Sötét Matcha forró csokoládé

ÖSSZETEVŐK:

- 1 gombóc Fairtrade sötét forró csokoládé
- 1 mini gombóc Matcha por
- Gőzölt tej

UTASÍTÁS:

a) Keverjük össze a matchát egy fröccsenő forró vízzel, és keverjük sima masszává

b) Felöntjük párolt tejjel, miközben öntés közben keverjük

66.Mentás forró csokoládé

ÖSSZETEVŐK:

- 2 csésze tej (tej vagy alternatív tej)
- 2 evőkanál kakaópor
- 2 evőkanál cukor (ízlés szerint)
- ¼ csésze friss mentalevél
- ½ teáskanál vanília kivonat
- Díszítésnek tejszínhab és friss mentalevél

UTASÍTÁS:

a)   Egy serpenyőben melegítsük fel a tejet közepes lángon, amíg forró, de nem forr.

b)   Egy kis tálban keverjük össze a kakaóport és a cukrot.

c)   Adjuk hozzá a friss mentaleveleket a forró tejhez, és hagyjuk állni 5 percig. Távolítsa el a menta leveleket.

d)   Fokozatosan keverje hozzá a kakaós keveréket a forró tejhez, amíg jól össze nem áll és simára nem válik.

e)   Belekeverjük a vaníliakivonatot.

f)   Folytassa a mentás forró csokoládé melegítését, időnként megkeverve, amíg el nem éri a kívánt hőmérsékletet.

g)   Öntsük bögrékbe, kenjük meg tejszínhabbal, és díszítsük friss mentalevéllel. Tálald és élvezd!

67.Rozmaring forró csokoládé

ÖSSZETEVŐK:

- 2 csésze tej (tej vagy alternatív tej)
- 2 evőkanál kakaópor
- 2 evőkanál cukor (ízlés szerint)
- 2 szál friss rozmaring
- ½ teáskanál vanília kivonat
- Tejszínhab és egy szál rozmaring a díszítéshez

UTASÍTÁS:

a) Egy serpenyőben melegítsük fel a tejet közepes lángon, amíg forró, de nem forr.

b) Egy kis tálban keverjük össze a kakaóport és a cukrot.

c) Adjuk hozzá a friss rozmaringágakat a forró tejhez, és hagyjuk állni 5 percig. Távolítsa el a rozmaring ágakat.

d) Fokozatosan keverje hozzá a kakaós keveréket a forró tejhez, amíg jól össze nem áll és simára nem válik.

e) Belekeverjük a vaníliakivonatot.

f) Folytassa a rozmaringos forró csokoládé melegítését, időnként megkeverve, amíg el nem éri a kívánt hőmérsékletet.

g) Bögrékbe töltjük, a tetejét tejszínhabbal megkenjük, és egy szál rozmaringgal díszítjük. Tálald és élvezd!

68.Bazsalikomos forró csokoládé

ÖSSZETEVŐK:

- 2 csésze tej (tej vagy alternatív tej)
- 2 evőkanál kakaópor
- 2 evőkanál cukor (ízlés szerint)
- ¼ csésze friss bazsalikomlevél
- ½ teáskanál vanília kivonat
- Tejszínhab és friss bazsalikomlevél a díszítéshez

UTASÍTÁS:

a) Egy serpenyőben melegítsük fel a tejet közepes lángon, amíg forró, de nem forr.

b) Egy kis tálban keverjük össze a kakaóport és a cukrot.

c) Adjuk hozzá a friss bazsalikomleveleket a forró tejhez, és hagyjuk állni 5 percig. Távolítsa el a bazsalikom leveleket.

d) Fokozatosan keverje hozzá a kakaós keveréket a forró tejhez, amíg jól össze nem áll és simára nem válik.

e) Belekeverjük a vaníliakivonatot.

f) Folytassa a bazsalikommal meglocsolt forró csokoládé melegítését, időnként megkeverve, amíg el nem éri a kívánt hőmérsékletet.

g) Bögrékbe töltjük, a tetejét tejszínhabbal megkenjük, és friss bazsalikomlevelekkel díszítjük. Tálald és élvezd!

69.Zsályás forró csokoládé

ÖSSZETEVŐK:

- 2 csésze tej (tej vagy alternatív tej)
- 2 evőkanál kakaópor
- 2 evőkanál cukor (ízlés szerint)
- 2 szál friss zsálya
- ½ teáskanál vanília kivonat
- Tejszínhab és egy zsályalevél a díszítéshez

UTASÍTÁS:

a) Egy serpenyőben melegítsük fel a tejet közepes lángon, amíg forró, de nem forr.

b) Egy kis tálban keverjük össze a kakaóport és a cukrot.

c) Adjuk hozzá a friss zsályaágakat a forró tejhez, és hagyjuk állni 5 percig. Távolítsa el a zsálya gallyakat.

d) Fokozatosan keverje hozzá a kakaós keveréket a forró tejhez, amíg jól össze nem áll és simára nem válik.

e) Belekeverjük a vaníliakivonatot.

f) Folytassa a zsályával bevont forró csokoládé melegítését, időnként megkeverve, amíg el nem éri a kívánt hőmérsékletet.

g) Bögrékbe töltjük, a tetejét tejszínhabbal megkenjük, és zsályalevéllel díszítjük. Tálald és élvezd!

70.Oreo fehér csokoládé

ÖSSZETEVŐK:

- 4 és fél csésze teljes tej
- ⅔ csésze édesített sűrített kókusztej
- ⅔ csésze fehér csokoládé chips
- ½ teáskanál vanília kivonat
- 1 teáskanál süti- és krémszirup
- 8 Oreo süti
- díszítéshez tejszínhab

UTASÍTÁS:

a) Adjunk hozzá tejet, édesített sűrített tejet, vaníliát, sütiket és tejszínes szirupot egy nagy serpenyőbe közepes lángon.

b) Távolítsa el a tölteléket az Oreo sütiből, és a krémes tölteléket adjuk hozzá a hozzávalókhoz egy edényben. Tedd félre a sütiket későbbre. Adjunk hozzá fehér csokoládé darabkákat a serpenyőbe.

c) A hozzávalókat a serpenyőben addig keverjük, amíg a fehércsokoládédarabkák teljesen elolvadnak .

d) fehér forró csokoládét öntsük bögrékbe, és öntsük a tetejére egy bőséges tejszínhabbal.

e) Morzsolt Oreo sütivel fejezzük be.

71.Biscoff forró csokoládé

ÖSSZETEVŐK:

- 2 csésze teljes tej
- ¼ csésze Biscoff kenhető
- 2 evőkanál cukrozatlan kakaópor
- 2 evőkanál kristálycukor
- Tejszínhab (elhagyható, a feltéthez)
- Biscoff sütimorzsa (elhagyható, díszítéshez)

UTASÍTÁS:

a)   Egy kis serpenyőben melegítsük fel a teljes tejet közepes lángon, amíg forró, de nem forr.

b)   Keverje hozzá a Biscoff- krémet, a kakaóport és a kristálycukrot, amíg jól össze nem áll és sima lesz.

c)   Folytassa a keverék melegítését, időnként kevergetve, amíg forró és párás nem lesz.

d)   Vegyük le a serpenyőt a tűzről, és öntsük bögrékbe a Biscoff forró csokoládét.

e)   A tetejét megkenjük tejszínhabbal, és ízlés szerint megszórjuk Biscoff süteménymorzsával.

f)   tálaljuk a Biscoff forró csokoládét és élvezzük!

72.Snickerdoodle forró csokoládé

ÖSSZETEVŐK:

- 2 csésze tej
- 2 evőkanál fehér csokoládé chips
- 1 evőkanál cukor
- ½ teáskanál vanília kivonat
- ½ teáskanál őrölt fahéj
- Fahéjrudak (elhagyható, díszítéshez)

UTASÍTÁS:

a) Egy serpenyőben melegítsük fel a tejet közepes lángon, amíg forró, de nem forr.

b) A forró tejhez adjuk hozzá a fehér csokoládédarabkákat, a cukrot, a vaníliakivonatot és az őrölt fahéjat.

c) Folyamatosan kavargassuk, amíg a fehércsokoládé darabkák elolvadnak, és a keverék sima lesz.

d) Folytassa a keverék melegítését néhány percig, amíg el nem éri a kívánt hőmérsékletet .

e) Öntsük bögrékbe, és ízlés szerint díszítsük fahéjrúddal.

73.Mentás csokoládéforgács forró csokoládé

ÖSSZETEVŐK:

- 2 csésze tej
- 2 evőkanál kakaópor
- 2 evőkanál cukor
- ¼ teáskanál borsmenta kivonat
- Zöld ételfesték (elhagyható)
- Tejszínhab (elhagyható)
- Darált csokis mentás keksz (elhagyható, díszítéshez)

UTASÍTÁS:

a) Egy serpenyőben melegítsük fel a tejet közepes lángon, amíg forró, de nem forr.

b) Adjuk hozzá a kakaóport, a cukrot, a borsmenta kivonatot és néhány csepp zöld ételfestéket (ha használunk) a forró tejhez.

c) Addig keverjük, amíg a kakaópor és a cukor teljesen fel nem oldódik, és a keverék jól össze nem keveredik.

d) Folytassa a keverék melegítését néhány percig, amíg el nem éri a kívánt hőmérsékletet .

e) Öntsük bögrékbe, és tetszés szerint tejszínhabbal és törött csokis mentás kekszekkel töltsük fel .

74.Mézeskalács forró csokoládé e

ÖSSZETEVŐK:

- 2 csésze tej
- 2 evőkanál kakaópor
- 2 evőkanál cukor
- ½ teáskanál őrölt gyömbér
- ¼ teáskanál őrölt fahéj
- ⅛ teáskanál őrölt szerecsendió
- Tejszínhab (elhagyható)
- Mézeskalács morzsa (elhagyható, díszítéshez)

UTASÍTÁS:

a) Egy serpenyőben melegítsük fel a tejet közepes lángon, amíg forró, de nem forr.

b) A forró tejhez adjuk a kakaóport, a cukrot, az őrölt gyömbért, az őrölt fahéjat és az őrölt szerecsendiót.

c) Addig keverjük, amíg az összes hozzávaló jól össze nem keveredik , és a keverék sima lesz.

d) Folytassa a keverék melegítését néhány percig, amíg el nem éri a kívánt hőmérsékletet .

e) Öntsük bögrékbe, és tetszés szerint szórjuk meg tejszínhabbal és egy mézeskalács morzsával.

75.Forralt bor

ÖSSZETEVŐ :

- 1 üveg vörösbor
- 2 narancs
- 3 fahéjrúd
- 5 csillagánizs
- 10 egész szegfűszeg
- 3/4 csésze barna cukor

UTASÍTÁS:

a) hozzávalót egy közepes méretű edénybe helyezzük .

b) Éles késsel vagy hámozóval hámozzuk meg egy narancs felét. Kerüljük a lehető legtöbb magbél (fehér rész) hámozását, mert keserű íze van.

c) Préseljük ki a narancsot, és a narancshéjjal együtt adjuk az edénybe.

d) Közepes lángon melegítse fel a keveréket, amíg csak párolódik. Csökkentse a hőt alacsony lángra. Melegítsük 30 percig, hogy a fűszerek behatoljanak.

e) hőálló poharakba tálaljuk .

76.Pudsey medve keksz H ot csokoládé

ÖSSZETEVŐK:

- Pudsey medve keksz (néhány darab)
- Tej (2 csésze)
- Forró csoki keverék vagy kakaópor (2-3 evőkanál)
- Cukor (ízlés szerint, opcionális)

UTASÍTÁS:

a) Pudsey medve kekszet apró darabokra törésével . Ehhez a lépéshez használhat sodrófát vagy konyhai robotgépet.

b) Egy serpenyőben közepes-alacsony lángon felforrósítjuk a tejet. Időnként megkeverjük, nehogy megégjen.

c) Ha a tej felforrósodott, de nem forr, adjuk hozzá az összetört Pudsey medve kekszet a serpenyőbe. Óvatosan keverjük össze.

d) Körülbelül 5-10 percig hagyja a kekszeket a tejbe áztatni. Ez elősegíti, hogy az ízek összeolvadjanak.

e) Az infúziós idő letelte után vegye le a serpenyőt a tűzről, és szűrje le a tejet, hogy eltávolítsa a nagyobb kekszdarabokat. Ehhez a lépéshez használhat finom hálószűrőt vagy sajtkendőt.

f) A tejet visszatesszük alacsony lángra, és hozzáadjuk a forró csokis keveréket vagy a kakaóport. Jól keverjük össze, amíg a keverék sima és jól össze nem áll.

g) Kívánság szerint ízlés szerint adhatunk hozzá cukrot. Ne feledje, hogy a keksz már adhat némi édességet, ezért ennek megfelelően módosítsa.

h) Ha a forró csokoládé felforrósodott és az összes hozzávaló jól elkeveredett, levesszük a tűzről.

i) A forró csokoládét öntsük bögrékbe, és azonnal tálaljuk. Díszíthetjük tejszínhabbal, kakaóporral vagy további kekszmorzsával, hogy a Pudsey medve ízét még jobban megérintsük.

77.Brownie forró csokoládé

ÖSSZETEVŐK:

- 2 csésze teljes tej
- ½ csésze nehéz tejszín
- 3 uncia keserű csokoládé, apróra vágva
- 2 evőkanál cukrozatlan kakaópor
- 2 evőkanál kristálycukor
- ¼ teáskanál vanília kivonat
- Csipet só
- Tejszínhab (díszítéshez)
- Brownie darabok (díszítéshez)

UTASÍTÁS:

a) Egy közepes serpenyőben melegítsük fel a tejet és a tejszínt közepes lángon, amíg el nem kezd forrni. Ne hagyjuk felforrni.

b) Adjuk hozzá az apróra vágott keserédes csokoládét, a kakaóport, a kristálycukrot, a vaníliakivonatot és egy csipet sót a serpenyőbe. Folyamatosan keverjük, amíg a csokoládé el nem olvad , és a keverék sima és jól össze nem áll.

c) Alacsony lángon tovább melegítjük körülbelül 5 percig, időnként megkeverve, amíg kissé besűrűsödik.

d) Vegyük le a serpenyőt a tűzről, és öntsük bögrékbe a forró csokoládét.

e) Minden bögre tetejét megkenjük egy adag tejszínhabbal, és a tejszínhabra szórunk néhány brownie-darabot.

f) Azonnal tálald, és élvezd a finom Brownie Hot Chocolate-t!

78.Açaí forró csokoládé

ÖSSZETEVŐK:

- 1 ½ csésze Açaí püré
- 1 csésze teljes zsírtartalmú kókusztej
- 2 ½ evőkanál kakaópor
- 1 teáskanál vanília kivonat
- Csipet só

UTASÍTÁS:

a) Adja hozzá az összes hozzávalót egy kis serpenyőbe. Habverővel összekeverjük, és közepes-magas lángon pároljuk.

b) Csökkentse a hőt közepes-alacsonyra, és forralja tovább, amíg át nem melegszik.

c) Oszd el egyenletesen két bögre között, és díszítsd kedvenc forró kakaós feltéteddel!

79.Fekete-erdő forró csokoládé

ÖSSZETEVŐK:
FORRÓ CSOKOLÁDÉ:
- 1 csésze teljes tej
- 2 evőkanál kristálycukor
- 1 ½ evőkanál cukrozatlan kakaópor
- 1 evőkanál Amarena cseresznyelé
- ½ teáskanál tiszta vanília kivonat
- 1/16 teáskanál tengeri só
- 1 ½ uncia 72%-os étcsokoládé apróra vágva

FELTÉTELEK:
- 4 evőkanál kemény habtejszín lágy habbá verve
- 2 Amarena cseresznye
- 2 teáskanál étcsokoládé fürtök

UTASÍTÁS:
a) Adjuk hozzá a tejet, a cukrot, a kakaóport, a cseresznyelevet, a vaníliát és a sót egy kis serpenyőbe közepes lángon, és keverjük össze.

b) Ha felforrt, beleforgatjuk az apróra vágott csokoládét.

c) Forraljuk fel, és főzzük, amíg kissé besűrűsödik, körülbelül 1 percig, állandó kevergetés mellett.

d) Öntsük 2 bögrébe, és tegyük meg a tejszínhab felével, 1 cseresznyével és 1 teáskanál csokis fürtökkel.

e) Azonnal tálaljuk.

80.Fűszeres azték forró csokoládé tequilával

ÖSSZETEVŐK:

- 1 csésze tej
- ¼ csésze nehéz tejszín
- 2 uncia étcsokoládé, apróra vágva
- ¼ teáskanál őrölt fahéj
- ⅛ teáskanál chili por (ízlés szerint módosítani)
- 1 uncia tequila

UTASÍTÁS:

a) Egy serpenyőben melegítsük fel a tejet és a tejszínt közepes lángon, amíg forró, de nem forr.

b) Vegyük le a serpenyőt a tűzről, és adjuk hozzá az apróra vágott étcsokoládét. Addig keverjük, amíg el nem olvad és simára tesszük.

c) Hozzákeverjük az őrölt fahéjat, a chiliport és a tequilát.

d) Öntsük bögrékbe, és ízlés szerint csiliporral vagy tejszínhabbal díszítsük.

81.Epres forró csokoládé

ÖSSZETEVŐK:

- 2 csésze tej
- ¼ csésze eperszirup
- 2 evőkanál cukrozatlan kakaópor
- 2 evőkanál kristálycukor
- Tejszínhab (elhagyható)
- Friss eper a díszítéshez (elhagyható)

UTASÍTÁS:

a) Egy serpenyőben keverjük össze a tejet, az eperszirupot, a kakaóport és a cukrot.

b) Helyezze a serpenyőt közepes lángra, és addig keverje, amíg a keverék forró és gőzölög (de nem forr).

c) Levesszük a tűzről, és a forró csokoládét bögrékbe öntjük.

d) A tetejét tejszínhabbal megkenjük, és ízlés szerint friss eperrel díszítjük.

82.Narancssárga forró csokoládé

ÖSSZETEVŐK:

- 2 csésze tej
- ¼ csésze narancslé
- 2 evőkanál cukrozatlan kakaópor
- 2 evőkanál kristálycukor
- ½ teáskanál narancshéj
- Tejszínhab (elhagyható)
- Narancs szeletek a díszítéshez (elhagyható)

UTASÍTÁS:

a) Egy serpenyőben keverjük össze a tejet, a narancslevet, a kakaóport, a cukrot és a narancshéjat.

b) Helyezze a serpenyőt közepes lángra, és addig keverje, amíg a keverék forró és gőzölög (de nem forr).

c) Levesszük a tűzről, és a forró csokoládét bögrékbe öntjük.

d) A tetejét tejszínhabbal megkenjük, tetszés szerint narancsszeletekkel díszítjük.

83.Málnás forró csokoládé

ÖSSZETEVŐK:

- 2 csésze tej
- ¼ csésze málnaszirup
- 2 evőkanál cukrozatlan kakaópor
- 2 evőkanál kristálycukor
- Tejszínhab (elhagyható)
- Friss málna a díszítéshez (elhagyható)

UTASÍTÁS:

a) Egy serpenyőben keverjük össze a tejet, a málnaszirupot, a kakaóport és a cukrot.

b) Helyezze a serpenyőt közepes lángra, és addig keverje, amíg a keverék forró és gőzölög (de nem forr).

c) Levesszük a tűzről, és a forró csokoládét bögrékbe öntjük.

d) Tetejét tejszínhabbal megkenjük, ízlés szerint friss málnával díszítjük.

84.Banán forró csokoládé

ÖSSZETEVŐK:

- 2 csésze tej
- 1 érett banán, pépesítve
- 2 evőkanál cukrozatlan kakaópor
- 2 evőkanál kristálycukor
- Tejszínhab (elhagyható)
- Banán szeletek a díszítéshez (elhagyható)

UTASÍTÁS:

a) Egy serpenyőben keverjük össze a tejet, a pépesített banánt, a kakaóport és a cukrot.

b) Helyezze a serpenyőt közepes lángra, és addig keverje, amíg a keverék forró és gőzölög (de nem forr).

c) Levesszük a tűzről, és a forró csokoládét bögrékbe öntjük.

d) A tetejét tejszínhabbal megkenjük, és ízlés szerint banánszeletekkel díszítjük.

85.Nutella forró csokoládé

ÖSSZETEVŐK:

- ¾ csésze mogyorólikőr
- 13 unciás üveg Nutella
- 1 liter fele-fele

UTASÍTÁS:

a) Egy serpenyőbe tedd a felét alacsony lángra, és add hozzá a Nutellát.

b) Körülbelül 10 percig főzzük, és közvetlenül tálalás előtt adjunk hozzá mogyorólikőrt.

86.PB&J ihlette forró csokoládé

ÖSSZETEVŐK:

- 2 csésze tej
- ¼ csésze krémes mogyoróvaj
- ¼ csésze málna zselé vagy lekvár
- ¼ csésze félédes csokoládé chips
- 1 teáskanál vanília kivonat
- Tejszínhab (elhagyható)
- Csokoládéforgács (opcionális)

UTASÍTÁS:

a) Egy közepes méretű serpenyőben melegítsük fel a tejet közepes lángon.

b) Hozzáadjuk a mogyoróvajat, a málna zselét vagy lekvárt, a csokireszeléket és a vaníliakivonatot.

c) Folyamatosan keverjük a keveréket, amíg a csokoládédarabkák elolvadnak, és minden jól összeáll .

d) Vegyük le a serpenyőt a tűzről, és öntsük a keveréket bögrékbe.

e) Ízlés szerint tejszínhabbal és csokoládéreszelékkel megkenjük.

f) Azonnal tálald és élvezd a finom PB&J forró csokit!

87.Mogyoróvajas banán forró csokoládé

ÖSSZETEVŐK:

- 2 csésze tej
- 2 evőkanál kakaópor
- 2 evőkanál csokoládé és földimogyoró kenhető (házi vagy bolti)
- 1 érett banán, pépesítve
- Tejszínhab (elhagyható)
- Szeletelt banán (elhagyható)

UTASÍTÁS:

a) Egy serpenyőben melegítsük fel a tejet közepes lángon, amíg forró, de nem forr.

b) Feloldódásig keverjük hozzá a kakaóport.

c) Adjuk hozzá a csokoládét és a földimogyorót a serpenyőbe, és keverjük addig, amíg elolvad és jól össze nem keveredik.

d) Keverje hozzá a pépesített banánt, amíg be nem keveredik.

e) A forró csokoládét öntsük bögrékbe, és tetszés szerint öntsük a tetejére tejszínhabbal és szeletelt banánnal. Forrón tálaljuk.

ÖSSZETEVŐK:

- 1 ½ teáskanál édesített Van Houton kakaó
- 1 ½ teáskanál Droste kakaó
- 1 ½ evőkanál cukor
- 1 evőkanál édes vaj
- ½ csésze tej
- 3 uncia sötét és világos Godiva ízű csokoládé (vagy ízlés szerint)
- ½ uncia különböző kiváló minőségű csokoládéból
- 1 bőséges merőkanál import csokoládé keverékéből
- ½ pint tej
- ½ liter tört jég
- Tejszínhab (a feltéthez)
- Reszelt csokoládé (díszítéshez)
- 2 szívószál
- Jeges teáskanál

UTASÍTÁS:

a) Egy dupla bojlerben olvasszuk fel az édesített Van Houton kakaót, a Droste kakaót, a cukrot és az édes vajat, és addig keverjük, amíg sima pasztát nem kapunk.

b) A dupla bojlerbe ét- és világos Godiva ízű csokoládét és különféle jó minőségű csokoládékat teszünk. Folytassa a csokoládék olvasztását, fokozatosan adjuk hozzá a tejet, miközben folyamatosan keverjük, amíg sima nem lesz.

c) Hagyja a keveréket szobahőmérsékletre hűlni. Ha kihűlt, tedd át egy literes turmixgépbe.

d) Adja hozzá a bőséges merőkanál importált csokoládékeveréket, ½ pint tejet és zúzott jeget a turmixgépbe.

e) Keverje össze az összes összetevőt, amíg a keverék el nem éri a kívánt állagot. Ha túl sűrű lenne, adhatunk hozzá még tejet vagy jeget a beállításhoz.

f) Öntse a fagyasztott forró csokoládét egy grapefruit tálba vagy egy tálalópohárba.

g) A tetejére egy halom felvert tejszínhabbal teszünk, és a tejszínhabot szórjuk meg reszelt csokoládéval.

h) Tegyen két szívószálat a Frozen Hot Chocolate-ba, hogy kortyolgassa, és egy jeges teáskanál segítségével tálalja.

89.Amaretto forró csokoládé

ÖSSZETEVŐK:

- 1 ½ uncia Amaretto likőr
- 6 uncia forró csokoládé
- tejszínhab (elhagyható)
- csokoládéreszelék (opcionális)

UTASÍTÁS:

a) Adja hozzá az Amaretto likőrt egy bögréhez.

b) Öntsük forró csokoládéval az Amarettót.

c) Keverjük össze.

d) Ízlés szerint tejszínhabbal és csokoládéreszelékkel megkenjük.

90.Boros forró csokoládé

ÖSSZETEVŐK:

- ½ csésze teljes tejszín
- ½ csésze fele-fele
- ¼ csésze étcsokoládé chips
- ½ csésze Shiraz
- Néhány csepp vanília kivonat
- 1 evőkanál cukor
- Apró csipet só

UTASÍTÁS:

a) Keverjük össze a tejet, a fele-fele étcsokoládédarabkákat, a vaníliakivonatot és a sót egy serpenyőben, lassú tűzön.

b) Folyamatosan keverjük, nehogy az alján lévő csokoládé megégjen, amíg teljesen fel nem oldódik .

c) Ha már szép és forró, vegyük le a tűzről, és öntsük bele a bort.

d) Jól összekeverni.

e) Kóstoljuk meg a forró csokoládét, és cukorral állítsuk be az édességet.

f) Forró csokis bögrébe öntjük és azonnal tálaljuk.

91.Tüskés borsmentás csokoládé

ÖSSZETEVŐK:

- 1 csésze tej
- ¼ csésze nehéz tejszín
- 4 uncia félédes csokoládé, apróra vágva
- ¼ teáskanál borsmenta kivonat
- 2 uncia borsmentás pálinka

UTASÍTÁS:

a) Egy serpenyőben melegítsük fel a tejet és a tejszínt közepes lángon, amíg forró, de nem forr.

b) Vegyük le a serpenyőt a tűzről, és adjuk hozzá az apróra vágott csokoládét. Addig keverjük, amíg el nem olvad és simára tesszük.

c) Keverje hozzá a borsmenta kivonatot és a borsmentás pálinkát.

d) Öntsük bögrékbe, és ízlés szerint díszítsük tejszínhabbal és törött borsmentás cukorkákkal.

92.RumChata fűszerezett forró csokoládé

ÖSSZETEVŐK:

- 1 csésze tej
- ¼ csésze nehéz tejszín
- 2 uncia félédes csokoládé, apróra vágva
- ½ teáskanál őrölt fahéj
- 1 uncia RumChata

UTASÍTÁS:

a) Egy serpenyőben melegítsük fel a tejet és a tejszínt közepes lángon, amíg forró, de nem forr.

b) Vegyük le a serpenyőt a tűzről, és adjuk hozzá az apróra vágott csokoládét. Addig keverjük, amíg el nem olvad és simára tesszük.

c) Keverje hozzá az őrölt fahéjat és a RumChatát.

d) Öntsük bögrékbe, és ízlés szerint díszítsük fahéjjal vagy tejszínhabbal.

93.Fűszeres narancsos forró csokoládé

ÖSSZETEVŐK:

- 1 csésze tej
- ¼ csésze nehéz tejszín
- 2 uncia étcsokoládé, apróra vágva
- 1 narancs héja
- ¼ teáskanál őrölt fahéj
- 1 uncia Grand Marnier

UTASÍTÁS:

a) Egy serpenyőben melegítsük fel a tejet és a tejszínt közepes lángon, amíg forró, de nem forr.

b) Vegyük le a serpenyőt a tűzről, és adjuk hozzá az apróra vágott étcsokoládét. Addig keverjük, amíg el nem olvad és simára tesszük.

c) Keverje hozzá a narancshéjat, az őrölt fahéjat és a Grand Marnier-t.

d) Öntsük bögrékbe, és ízlés szerint díszítsük narancshéjjal vagy tejszínhabbal.

94.Cafe Au Lait

ÖSSZETEVŐK:

- 3 evőkanál instant kávé
- 1 csésze tej
- 1 csésze könnyű krém
- 2 csésze forrásban lévő víz

UTASÍTÁS:

a) Kezdje azzal, hogy a tejet és a tejszínt óvatosan melegítse alacsony lángon, amíg el nem éri a forró hőmérsékletet.

b) Miközben a tej és a tejszín felmelegszik, oldja fel az instant kávét a forrásban lévő vízben.

c) Közvetlenül a tálalás előtt forgó habverővel verje fel a felmelegített tejkeveréket, amíg habossá nem válik.

d) Ezután vegyünk elő egy előmelegített kancsót, és öntsük bele a habos tejkeveréket. Ezzel egyidőben a lefőzött kávét külön kancsóba öntjük.

e) Amikor készen áll a tálalásra, töltse meg a csészéket úgy, hogy egyszerre töltse ki mindkét kancsóból, és hagyja, hogy a patakok összeérjenek öntés közben.

95.Klasszikus amerikai

ÖSSZETEVŐK:

- 1 adag eszpresszó
- Forró víz

UTASÍTÁS:

a) Készítsen egy adag eszpresszót lefőzéssel.
b) Forró víz hozzáadásával állítsa be ízlése szerint az eszpresszó erősségét.
c) Tálaljuk úgy, ahogy van, vagy ízlés szerint fokozzuk az ízét tejszínnel és cukorral.

96.Macchiato

ÖSSZETEVŐK:

- 2 adag eszpresszó (2 uncia)
- 2 uncia (¼ csésze) hab teljes tejből

UTASÍTÁS:

a) Egyetlen adag eszpresszó elkészítéséhez használjon eszpresszógépet vagy kézi kávéfőzőt.

b) Öntse az eszpresszót egy bögrébe. Alternatív megoldásként fontolja meg Aeropress használatát eszpresszófőzéshez.

c) Ha eszpresszógépet használ, melegítse fel ½ csésze tejet, amíg meg nem forr . Végül csak ¼ csésze tejhabra lesz szüksége.

d) Melegítse fel a tejet 150 Fahrenheit-fok hőmérsékletre; tapintásra forrónak kell lennie, de nem forrhat. Ezt ételhőmérővel vagy ujjal tesztelve mérheted.

e) Használjon eszpresszógépet, tejhabosítót , franciaprést vagy habverőt, hogy a tejet apró, egyenletes buborékokká habosítsa.

f) Egy macchiato esetében törekedjen nagy mennyiségű „száraz hab" előállítására, amely a hab légies változata. A tejhabosító különösen jól működik az ilyen hab előállításához.

g) Egy kanál segítségével óvatosan hámozza le a felső habréteget (a száraz habot), és óvatosan helyezze az eszpresszó tetejére. Egy adaghoz körülbelül ¼ csésze habot kell használni.

97.Mohaachát

ÖSSZETEVŐK:

- 18 g őrölt eszpresszó vagy 1 kávépárna
- 250 ml tej
- 1 teáskanál ivócsokoládé

UTASÍTÁS:

a) Készítsen körülbelül 35 ml eszpresszót kávéfőzővel, és öntse a csésze aljába. Adjuk hozzá az ivócsokoládét, és alaposan keverjük simára.

b) Használja a gőzölő tartozékot a tej habosításához, amíg körülbelül 4-6 cm-es hab lesz a felületén. Tartsa a tejeskancsót a kifolyóval körülbelül 3-4 cm-rel a csésze felett, és egyenletes sugárban öntse a tejet.

c) Ahogy a csészében a folyadék szintje emelkedik, vigye a tejeskancsót a lehető legközelebb az ital felületéhez, miközben a közepe felé irányítja.

d) Amikor a tejeskancsó majdnem hozzáér a kávé felületéhez, döntse meg, hogy gyorsabban öntse ki. Eközben a tej megüti a csésze hátát, és természetesen összehajlik, és dekoratív mintát hoz létre a mokkája tetején.

98.Látte

ÖSSZETEVŐK:

- 18 g őrölt eszpresszó vagy 1 kávépárna
- 250 ml tej

UTASÍTÁS:

a) Kezdje azzal, hogy körülbelül 35 ml eszpresszót főzz le a kávéfőzővel, és öntse a csésze aljába.

b) Gőzölje a tejet a gőzölő tartozékkal, amíg körülbelül 2-3 cm hab lesz a felületén.

c) Tartsa a tejeskancsót úgy, hogy a kifolyócső kb. 3-4 cm-rel a csésze felett legyen, és egyenletesen öntse a tejet.

d) Amikor a tejeskancsó majdnem hozzáér a kávé felületéhez, döntse meg a kiöntési sebesség növeléséhez. Amikor ezt teszi, a tej a csésze hátuljához ér, és természetesen elkezdi összehajtani magát, dekoratív mintát hozva létre a tetején.

99.Baileys Irish Cream Hot Chocolate

ÖSSZETEVŐK:

- 1 csésze tej
- ¼ csésze nehéz tejszín
- 2 uncia félédes csokoládé, apróra vágva
- 1 uncia Baileys ír krém

UTASÍTÁS:

a) Egy serpenyőben melegítsük fel a tejet és a tejszínt közepes lángon, amíg forró, de nem forr.

b) Vegyük le a serpenyőt a tűzről, és adjuk hozzá az apróra vágott csokoládét. Addig keverjük, amíg el nem olvad és simára tesszük.

c) Keverje hozzá a Baileys ír krémet.

d) Öntsük bögrékbe, és tetszés szerint tejszínhabbal vagy mályvacukorral kenjük meg.

100.Mexikói fűszerezett kávé

ÖSSZETEVŐK:

- 6 szegfűszeg
- 6 evőkanál főzött kávé
- 6 Julienne narancshéj
- 3 fahéjrúd
- ¾ csésze barna cukor, szorosan csomagolva
- Tejszínhab (elhagyható)

UTASÍTÁS:

a) Egy nagy serpenyőben melegíts fel 6 csésze vizet a barna cukorral, a fahéjrúddal és a szegfűszeggel együtt közepesen magas lángon, amíg a keverék fel nem melegszik, de vigyázz, nehogy felforrjon.

b) Adja hozzá a kávét, és forralja fel a keveréket, időnként megkeverve 3 percig.

c) A kávét finom szitán átszűrjük és kávéscsészékben tálaljuk, narancshéjjal díszítve.

d) Tetszés szerint tejszínhabbal megkenjük.

KÖVETKEZTETÉS

A „A MINDENEKFELETTI KANDALLÓSAROK MELEGÍTŐK 2024" című kandallós utazásunk végén reméljük, hogy átélte már a hangulatos és emlékezetes pillanatok örömét a tábortűz körül. Ezeken az oldalakon minden recept a melegség, az ízek és az összetartozás ünnepe, amely meghatározza a kandalló melletti összejöveteleket – bizonyítja az italok, édességek és megosztható tárgyak baráti és szerettei társaságában való megosztásának egyszerű örömeit.

Akár fűszerezett almabort kortyolgattál a csillagok alatt, vagy ragacsos s'mores-t kóstoltál a tűz mellett, vagy ízletes falatokat osztottál meg barátaiddal, bízunk benne, hogy ezek a kandalló melletti melegítők varázslatot varázsoltak a szabadtéri élményeidbe. A recepteken túl a kandalló melletti összejövetelek koncepciója váljon örömforrássá, kapcsolatteremtővé, dédelgetett emlékek teremtéséhez.

Miközben továbbra is élvezi a tábortűz melegét, a "A MINDENEKFELETTI KANDALLÓSAROK MELEGÍTŐK 2024" legyen a megbízható társ, amely számos elragadó lehetőséget kínál a szabadtéri pillanatok fokozására. Íme a pattogó lángok, a hangulatos összejövetelek és a tökéletes kandalló melletti melegítők, amelyek minden szabadtéri estét különlegessé tesznek. Gratulálok maradandó emlékek teremtéséhez a tábortűz körül!

Milton Keynes UK
Ingram Content Group UK Ltd.
UKHW031849170324
439575UK00014B/770